国家社科基金
重大项目成果

对外汉语教学语法丛书
◎**总主编** 齐沪扬

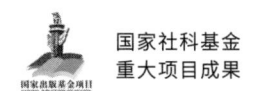

趋向补语

郭晓麟 ◎主编 ｜ 郭晓麟 ◎著

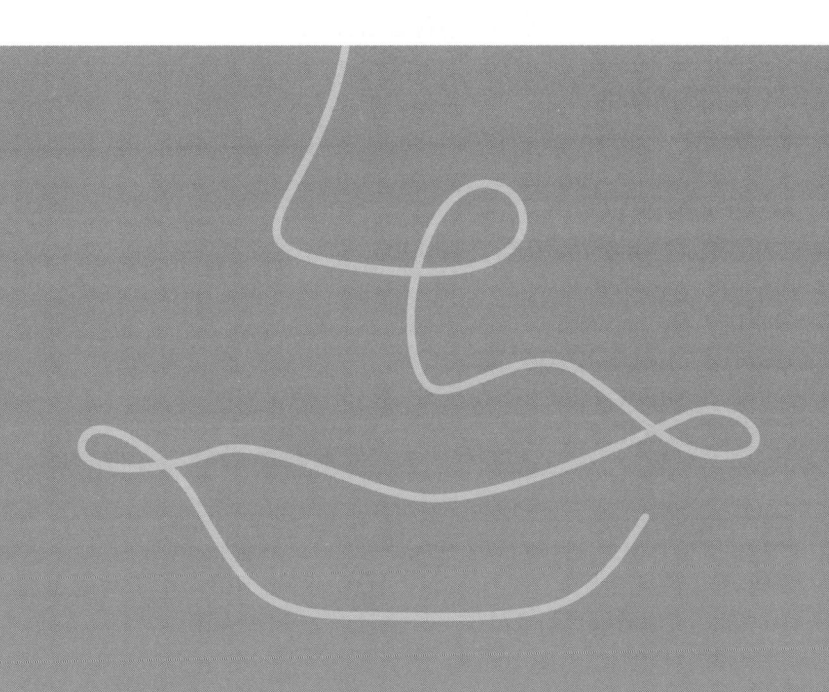

北京语言大学出版社
BEIJING LANGUAGE AND CULTURE UNIVERSITY PRESS

©2024 北京语言大学出版社，社图号 23261

图书在版编目（CIP）数据

趋向补语 / 郭晓麟主编、著. —北京： 北京语言大学出版社，2024.1
（对外汉语教学语法丛书 / 齐沪扬总主编）
ISBN 978-7-5619-6476-7

Ⅰ.①趋… Ⅱ.①郭… Ⅲ.①汉语—补语—对外汉语教学—教学研究 Ⅳ.① H195.3

中国国家版本馆CIP数据核字（2023）第243792号

趋向补语
QUXIANG BUYU

排版制作：	华伦图文制作中心
责任印制：	周　燚

出版发行：北京语言大学出版社
社　　址：北京市海淀区学院路 15 号，100083
网　　址：www.blcup.com
电子信箱：service@blcup.com
电　　话：编辑部　8610-82303395
　　　　　发行部　8610-82303650/3591/3648
　　　　　北语书店　8610-82303653
　　　　　网购咨询　8610-82303908
印　　刷：北京联兴盛业印刷股份有限公司

版　次：2024 年 1 月第 1 版　　印　次：2024 年 1 月第 1 次印刷
开　本：710 毫米 ×1000 毫米　1/16　印　张：14.25
字　数：230 千字
定　价：72.00 元

PRINTED IN CHINA
凡有印装质量问题，本社负责调换。售后QQ号 1367565611，电话 010-82303590

总　序

摆在读者面前的，是国家社科基金重大项目"对外汉语教学语法大纲研制和教学参考语法书系（多卷本）"（17ZDA307）的所有成果。这些成果包括大纲系列4册、书系系列26册、综述系列8册，以及选取研究过程中发表的一部分优秀学术论文集辑而成的论文集1册，共计39本著作，约700万字。这个项目的研制，历时5年有余，参加的研究人员多达50余人，来自国内和海外近30所高校。

2017年11月，全国哲学社会科学工作办公室正式公布"2017年度国家社科基金重大项目立项名单"。2018年4月14日，国家社科基金重大项目"对外汉语教学语法大纲研制和教学参考语法书系（多卷本）"的开题报告会举行。2019年8月，2017年度国家社科基金重大项目中期检查评估报告提交，2023年1月召开课题结项鉴定会。

根据专家组意见，特别是专家组组长赵金铭教授两次谈话的意见，按照全国哲学社会科学工作办公室立项通知书上的要求，本项研究牢固树立问题意识、创新意识和精品意识，立足学术前沿，体现有限目标，突出研究重点，注重研究方法，符合学术规范。项目的执行情况、所解决的问题和最终成果如下：

大纲、书系和综述是主要的研究成果。三类不同的成果面对的读者是不一样的：大纲是给教师教学与科研使用的，同时也顾及学习汉语、研究汉语的一些国际学生；书系主要是给在一线教学的对外汉语教师看的，以解决这些教师在教学过程中的实际问题为目的；综述是对大纲和书系的补充，主要面向对外汉语教师、汉语国际教育专业研究生和本科生，以及需要进一步了解、研究相关领域的群体，为这些人继续研究相关问题提供材料和方法。三种不同的读者群体决定了三类成果的不同写法。

1. 大纲研制

大纲研制的最终成果是两套大纲：分级大纲（初级大纲和中级大纲）和分类大纲（书面语大纲和口语大纲），共4册。语法大纲不局限于语法知识本身，而是以学习者语言能力的培养为目标。凡是能促进学习者语言能力的语法项目都应析出为大纲的项目。语法项目的编排依据的是语法形式，使用条件式来描述细目的功能。使用条件式有利于促进语法知识转化为语言能力。

分级大纲中语法项目的等级不宜简单理解为语言本身的难度区分，更应理解为习得过程性的内在要求。以促进学习者生成语言能力为目标，支持学习者语言能力生成的语法项目都应列目，项目编排以语法结构为基础，细目的描写以促进语言能力生成为重。大纲体现习得的过程性，总体上为螺旋形呈现。

目前对外汉语教学和科研依据的都是通用语体的语法大纲，至今尚没有分语体的大纲问世，这种状况显然与发展迅速的第二语言教学事业不相适应。书面语语法大纲和口语语法大纲的研制，填补了大纲研究的空白，在今后的教学指导、教材编撰、汉语水平测试等方面，都能发挥很大的作用。

2. 书系研发

我们在全国范围内分三批次遴选和推荐了撰稿人，这些撰稿人都有长期从事对外汉语教学的经历，且都是语法专业背景出身。从目前情况看，学术界和教学界都需要这一类书，这套书也具有填补空白的作用。而且，这套书是开放性的，条件成熟了可以再继续做下去，达到30本到50本的规模，甚至再多一些都是可能的。

书系的研发应以"语法项目"作为书名，不求体系完整，成熟一本撰写一本；专业性不能太强，要考虑到书系的读者需求，他们阅读这本书是为了解决教学上的问题，除了必要的理论阐述和说明之外，要尽量早一点儿切入教学中去；提出的问题要切合教学实际，60~80个问题，其实就是这本书的目录，有人来查，很快就能对症下药，找到自己想要的东西；提的问题要有针对性，要有实用性，针对学生的水平等级，围绕这个语法项目，把教学上可能遇到的问题按等级排序。总之，这是一套深入浅出的普及性小册子，一定会受到广大对外汉语教师的欢迎。

3. 综述编著

按照标书要求，阶段性成果包括两套综述汇编。编著这两套综述汇编，首先是项目研制的需要，是和大纲研制、书系研发互相支撑、互相配合的；其次是近20年的综述汇编，学术界和出版界均尚无相关成果问世，很多研究者迫切需要这方面的资料；最后是这套综述汇编的写法与其他综述成果不同，两套综述不仅仅是"资料汇编"，里面更有很多作者的评议和引导，是"编著"类的"综述"，这类"综述"其实是不多的。这样的写法比目前在做的或者已经出版的"综述"要科学得多，实用得多。

综述分为两套：《近20年对外汉语语法教学研究》和《近20年汉语作为第二语言语法习得研究》。综述的主要读者应该是研究者，是关心该领域的研究者，作者收集的材料要尽可能齐全，作者所做的分析要有依据，作者做出的解释要能让研究者信服。两套综述都能做到对相关问题做出梳理，述评结合，突出评价的学术性、原创性和实用性，力图使读者对相关论题有一个全面的认识和深刻的思考，并为进一步的研究提供方向。

对上述这些成果的介绍只能点到为止，事实上，具体到每一本著述，都是有必要重点介绍的。好在每套书都另有主编，请读者自行阅读每套书的主编写的"序"吧。我这里还想向读者介绍的是这些著述的作者们，没有他们，这些成果难以问世。

本项课题涉及面广，研究人员多，在最初填写招标书时我们已经意识到了："本项研究工程浩大，……大纲和书系非一校之力可完成，将集中全国不同高校共同承担。"本课题前后参加研究的人员有50多人,分布在国内及海外近30所高校。如何将这些研究人员组织起来,集思广益,凝神聚力?课题组在"集全国高校之力"上,下了大力气。

原先设想由某个高校具体负责某块项目研究,但该想法在实际操作中遇到了问题。开题报告会后,课题组调整后的组织方式体现出优势来。四个研发小组的组长取代了原来子课题负责人的职位和功能,优势体现在:他们面对的是具体的项目,而不是具体的研究人员;他们针对项目选取研究人员,而不是为已有的研究人员配备研究内容;他们可以从全国高校选择自己相中的研究人员,而无须采取先满足校内再满足校外的程序和方式。人尽其才,物尽其用,效率提高,质量保证,自然是意料之中的结果。例如,书系组的20多位作者来自15所高校,综述组的作者来自12所高校。这是第一个方面。

第二个方面,就是充分利用会议的机会,将会议定位于有目标的会议、有任务的会议,让会议开出成效来。自课题立项之后,围绕着课题的研究进展,课题组已经开过多次会议。一是一年一度的"教学语法学术讨论会",课题组所有人员都参加,至今已经开过多届:淮北(2017)、扬州(2018)、南宁(2019)、黄山(2020),等等。二是一年多次的课题专项讨论会,有需要就开。如在杭州,就分别开过综述组、数据平台组、书系组的专项讨论会;在南京、上海都开过大纲组的专项讨论会;2020年7月,在腾讯会议上开过两次大纲组的专项讨论会;等等。这些会议目标明确,交流便捷,解决问题能力强,时间跨度短,是联络不同高校研究人员的好方式。

这套书的所有主编和作者都十分尽力。对外汉语教师的工作量很大,大多数人都有每周10节以上的课时量;况且,大多数人的手上还有自己的科研项目要做,还有自己指导的研究生的论文要看,还有各自的不同研究论文要写。种种忙碌和辛苦之中,要挤出这么多时间和精力,去从事另外一块研究任务,还是高标准、有要求、无报酬的研究任务,如果没有一种对对外汉语教师这个职业的由衷热爱,没有一种为对外汉语教学事业做点儿贡献的精神支撑,他们是断然不可能接受这样的研究任务的。更何况有些作者接受了两项不同的研究任务,研究强度和研究压力可想而知。因此可以这么说,这些成果渗透着作者们的辛劳,饱含着作者们的心血，每一本都是"呕心之作"，这样的赞誉是得当的。

北京语言大学出版社是这个项目的合作者和推动者。项目立项不久，出版社和课题组就有过接触。出版社前后两任社长和总编辑都向课题组表过态，希望这个课题的所有成果能在北京语言大学出版社出版，出版社愿意为课题的宣传、推广、出版尽责任，做贡献。2020年1月，课题组和出版社有过进一步的密切联系，敲定了详细的合作计划。2022年3月，出版社申报的"对外汉语教学语法丛书"成功入选2022年度国家出版基金资助项目。这些成果的出版，没有出版社的支持是做不到的。

再次感谢在漫长的研究过程中给予我们支持、帮助的所有老师和朋友。

对于这套教学参考语法书系，这里想重点介绍下这套书系的编撰特点和编撰原则。编撰特点可以归纳为以下四点："设计理念要接受多元的语言学理论指导""编撰方针是两种语法分析方法的结合""结构框架要考虑本体研究和教学研究的需要""问题设计要以'碎片化'语法为主"。关于这四点的具体阐述就不再展开了，事实上读者通过这四点已经可以大致了解这套书系的编撰理念了。入选的26本专著选取了不同的语法项目作为书名，面对不同的主题，每本书都会在不同层面、不同角度、不同对象上反映出这套书系的整体面貌和阐述形式，以及结构框架和问题设计，值得一读。

这套教学参考语法书系两个必须遵守的编撰原则是普及性和实践性。普及性原则体现在要做到对读者进行语法知识的普及。语法知识普及要考虑两个方面的问题：一是理论知识的普及，一是语法术语的普及。书系的编写还要遵守实践性的原则，这个原则体现在三个方面：一是面向教学实践，二是面向教师群体，三是面向教学语法。这套书系不以学术高度与理论深度为目标，而以是否能够解决实际问题为标准。出版这样的系列丛书尚属首次，相信普及性原则和实践性原则会使这套书系更接地气，更受欢迎。

教学参考语法书系研发是和汉语教学语法大纲研制平行的、互相支撑的一项研究，书系是以大纲为参照编写的，作为本体研究和教学研究的重要工具书，是对大纲的深化和阐述。书系书目的确定，编写方式的确定，以至于作者队伍的确定，都尽量做到和大纲的研制同质同步。当然，由于书系服务的目标人群和大纲不完全一样，作者会更多地关注语法教学的实效性，对具体问题的一些处理，可能会有与大纲不同的地方，这一点也是需要说明的。

谨以此作为总序。

齐沪扬

初稿于 2020 年 7 月

二稿于 2022 年 5 月

三稿于 2022 年 12 月

序

本专辑包括《宾语》《定语》《结果补语》和《趋向补语》四部著作，是齐沪扬教授主编的教学参考语法书系六大专辑之一。

在汉语作为第二语言的语法教学中，句法成分是一个重要的教学内容。同时，句法成分研究也是汉语语法研究界所关注的热点问题。有关句法成分的讨论和探索一直没有停止过，比如主宾语大讨论、主语和话题之辨、补语分类的讨论、名词短语中"的"的隐现规律的探讨、各类补语的历时与共时研究等。这些研究无疑为句法成分的教学提供了深厚的理论基础与教学参考。但同时，这些研究有的偏于宏观，有的偏于理论，所以教学中遇到的一些具体问题无法直接从中得到解答。比如我们可以说"吃食堂"，为什么不能说"吃餐厅"？可以说"我见过他一次"，为什么不能说"我见过中国人一次"？还有一些问题学界虽然讨论不少，但始终没有得出统一的解释，这无疑会影响到这些语言点的教学。处所宾语与趋向补语的位置关系就是一个典型的例子，虽然教师在课堂上一再强调，但学生仍然会出现大量偏误。另外，有些语言现象的描写多，针对汉语教学的解释少，也会直接影响学生对这些语言点的理解，比如"的"的隐现问题，就需要思考如何结合认知分析让学生更容易地习得其中的规律。此外，更有一些教学中的问题是理论研究未涉及的，比如跟"进教室、走进教室"相比，"走进教室去"极其复杂，我们什么时候需要用到这种复杂的结构？这些理论语法研究界没有解决的问题，在教学语法研究界同样没有得到重视。杨德峰和范麾京

（2016）①统计了三本影响力较大的汉语语法教材，在三本语法教材的三个语法体系中，作为语法项目共同出现的句法成分只有定语、状语和补语，有两本教材甚至没有出现主语、谓语和宾语。由此一斑可窥全豹，句法成分的教学问题甚至没有引起语法教学研究人士的关注。我们也在中国知网上以句法成分作为主题，不限定年度来检索教学研究的成果。截至2022年5月，有关主语、谓语、宾语、定语、状语、补语教学研究的文章数量分别为9、14、22、58、66、546篇。除了补语，其他句法成分的研究成果数量十分稀少。

句法成分专辑正是在这样的状况下应运而生。本专辑的作者敏锐地观察到了上述情况，尝试从一名汉语教师的角度对教学中遇到的以及可能会遇到的问题做出解答，以期为汉语教师的教和学习者的学提供帮助。本专辑的四部著作具有以下共同特点：一是系统全面。全书以问题为纲，这些问题涵盖了理论篇、知识篇、习得篇、教学篇四方面的内容，包含了教学中可能涉及的所有领域。理论篇对句法成分的定义、范围、分类、意义进行界定，对其在汉语中的独特性进行说明，并对其在其他语言中的表达形式进行分析与对比；知识篇对教学中可能涉及的具体知识点进行讲解；习得篇就学生的常见偏误进行分析，探讨偏误产生的原因，并就如何避免偏误提出建议；教学篇则对教学环节和教学方法等的具体操作进行介绍，在教学准备、课堂教学及课后反思等各环节为读者提供全面的参考。二是深入浅出。句法成分研究的相关成果有的理论性比较强，不能直接运用到教学中。考虑到海内外汉语教师队伍专业背景不一，作者对一些已有的研究定论进行了教学转化，将自己对一些问题的思考用浅显易懂的语言进行表达，使得不论何种专业背景的读者都能够有所收获，都能得到直接的参考。三是实用性强。每一本书中提出的问题都是从实际教学出发，比如习得篇中的偏误现象，都来源于作者多年教学中积累的问题。对这些现象的分析，可以帮助读者解决遇到的同类偏误问题；教学篇则是针对教学的具体步骤、具体方法和基本环节进行设计，这样的内容能够直接帮助读者设计一堂语法教学课；更有慕课及翻转课堂的设计，可以为读者提供网络教学资源建设方面的帮助。

---

① 杨德峰、范廆京（2016）对外汉语教学语法体系反思及构建原则刍议——从三本语法教材谈起，《国际汉语教学研究》第2期。

除了上述共同特点，本专辑的四部著作也分别具有各自的特点，这与作者的学术背景有关，同时也与研究对象的特点有密切关系。《宾语》一书尤其注重对相关研究成果的继承和发展，特别是在理论篇，将传统研究中的热点问题进行了梳理，并从教学语法的角度将这些成果进行了系统转化。《定语》一书则注重汉语言的类型特点，从世界语言语序类型学的角度关注汉语定语的特点，并从这一角度出发，系统集中地讨论定语教学中出现的偏误类型，比如"的"的遗漏与误加、定语与中心语的错序、定语的误加与误用等问题。《结果补语》一书尤其关注相近动结式表义的异同，比如"写上"和"写下"、"用光、用尽"和"用完"等。相信很多读者在看到这样的问题时也会莞尔一笑，想到自己在课堂上被学生追问同类问题的情景。《趋向补语》一书则更加重视教学篇的内容，比如对教学例句如何选择、教学活动和练习如何设计、如何运用任务型教学法开展教学都进行了细致的讨论；另外，对教学环节的设计也提出了建议，比如如何导入、如何讲练等等。相信这些内容一定能对读者的课堂教学提供一些思路和帮助。

郭晓麟

2022 年 5 月 13 日

目　录

引　言 / 1

第一部分　基本概念与语言对比 / 9

1. 什么是趋向补语？ / 9
2. 趋向补语有哪几类？ / 11
3. 动趋式有哪些常见的类型？ / 13
4. 趋向补语都只表示方向吗？ / 15
5. 汉语为什么需要用补语表达趋向意义？ / 17
6. 所有的语言中都有趋向补语吗？ / 19
7. 汉英在表达趋向意义的时候有什么异同？ / 23

第二部分　成分与语序 / 26

8. "了"与趋向补语的位置关系如何？ / 26
9. 趋向补语与处所宾语的位置关系如何？ / 28
10. "拿出来一本书""拿出一本书来"还是"拿一本书出来"？ / 30
11. "拿来一本书"还是"拿一本书来"？ / 36

第三部分　结构的意义 / 40

12. "跳下船"以后，人到底在不在船上？ / 40
13. "走出去""扔出去"和"拿出去"，到底谁出去了？ / 44
14. "跳起来"一定表达位移义吗？ / 47
15. "说起这件事来"，这里的"起来"是什么意思？ / 50
16. "走上前"和"走上台"中的"上"意思一样吗？ / 53
17. "住上了楼房、喝上了自来水"中的"上"是什么意思？ / 55

第四部分　意义的表达 / 59

18. 什么是参照位置？"来、去"如何表达位移的主观参照？ / 59
19. 趋向·接触·附着·实现·起始："上"为什么有这么多不同的语义？ / 62
20. 趋向·脱离·获取·舍弃·留存·存在·容纳·定止："下"为什么有这么多不同的语义？ / 66
21. 趋向·度过·超过·胜过·完结："过"为什么有这么多不同的语义？ / 71
22. 表完结的"过"与时态助词"过"有什么不同？ / 75

第五部分　形近结构的语义辨析 / 80

23. "他跳上来了"还是"他跳起来了"？ / 80
24. "天暗下来"还是"天暗起来"？ / 83
25. "把画儿摘下来"还是"把画儿摘下去"？ / 86
26. "看不起他"还是"看不上他"？ / 88

27. "拿去"还是"拿走"？/ 92

第六部分　形近结构的功能辨析 / 96

28. "举手""举起手来"与"把手举起来"有什么不同？/ 96

29. "去买菜"与"买菜去"有什么不同？/ 99

30. "拉他进来"与"把他拉进来"有什么不同？/ 104

31. "吃上了"与"开始吃"有什么不同？/ 107

32. "吃起来"与"开始吃"有什么不同？/ 110

33. "唱下去"与"继续唱"有什么不同？/ 115

34. 什么情况下用"进房间"类趋向结构？/ 118

35. 什么情况下用"走进房间"类趋向结构？/ 122

36. 什么情况下用"进去"及"走进去"类趋向结构？/ 125

37. 什么情况下用"进房间去"类趋向结构？/ 128

38. 什么情况下用"走进房间去"类趋向结构？/ 133

第七部分　常见偏误 / 138

39. "把桌子搬下地下室"能不能说？/ 138

40. "他跳下一米多高的台子"能不能说？/ 141

41. "想起来他的名字"还是"想出来他的名字"？/ 143

42. "吵架起来""吵起来架"还是"吵起架来"？/ 145

43. 可以说"起来"，为什么不能说"起去"？/ 147

44. "（他摔倒了，）快扶他"为什么不能说？/ 150

45. "红灯亮的时候，所有的车都停了"为什么不能说？/ 152

46. "他的要求给我带困难来了"为什么不能说？ / 154

47. "他病得不能开眼"为什么不能说？ / 157

48. "我们学了四个小时了，我累下来了"为什么不能说？ / 160

第八部分　教学问题与教学设计 / 163

49. 趋向补语为什么难教难学？ / 163

50. 趋向补语的习得顺序如何？ / 165

51. 趋向补语的教学：如何进行导入？ / 169

52. 趋向补语的教学：如何进行讲练？ / 172

53. 趋向补语的教学：如何进行示例选择？ / 176

54. 趋向补语的教学：如何进行课堂活动设计？ / 181

55. 趋向补语的教学：如何进行练习设计？ / 183

56. 趋向补语教学中为何要实施语块教学？ / 188

57. 趋向补语应如何采用任务型教学法进行教学？ / 191

58. 趋向补语如何进行分阶段教学？ / 194

59. 趋向补语的慕课（MOOC）教学应如何进行？ / 198

60. 趋向补语的翻转课堂教学应如何进行？ / 201

参考文献 / 204

后　记 / 211

引 言

齐沪扬教授主持的国家社科基金重大项目"对外汉语教学语法大纲研制和教学参考语法书系（多卷本）"（17ZDA307）包括两项重要的研究内容：对外汉语教学语法大纲的重新研制，以及教学参考语法书系的编写和出版。这两项内容相结合能够为汉语教学提供系统而详尽的帮助。书系以"一点一书"的形式呈现，一个知识点编写一本教学参考书，力求为所涉知识点的教学提供全面的参考和指导。《趋向补语》就是该书系的组成部分之一。

一、为什么选择趋向补语？

选择趋向补语作为研究对象，是因为趋向补语是汉语教学界公认的难点，教师难于教会，学生难于掌握。那么，趋向补语难在何处呢？有人觉得趋向补语是汉语特有的句法成分，外国学习者对趋向补语的概念及形式的理解存在困难。这种说法没有问题，但这并不是趋向补语难学的唯一原因。结果补语、程度补语等其他补语同样是汉语特有的句法成分，但外国学习者学起来就容易得多。我们认为，趋向补语难教难学一是因为个性强，二是因为形式多。

（一）趋向补语使用上的弱类推性

语言规则具有可类推性，这是人类语言能够被习得的基础。在语言习得的过程中，类推起到了重要的作用：学习者对语言结构中的词语进行同类替换，可以理解并输出无数符合语言规则的句子。比如，我们告诉学生做某事的时长可以表达为"V + 时间段 + O"，并且给出例句"我看了一个小时书"，学生就能非常顺利地输出"我做了半个小时作业"。这就是类推的作用。但是，不同语言规则的可类推性是有差别的，比如情态补语的可类推性就比时量补语弱一些，学生可能会根据我们给出的例句"他汉语学得很好"类推出"我汉字学得很难"这样的偏误句。可类推性的强弱，取决于语言规则的使用限制条件。相较而言，趋向补语的使用个性化强，我们很难将相关规则进行彻底的类推。

刘月华（1998：Ⅰ）指出："一个动词可以和哪个趋向补语的哪一个意义结合是固定的、有限制的，特别是结果意义，学习者几乎需要逐个地去记。"吴中伟（2019）也指出，教师在教趋向补语引申用法时不宜要求学生举一反三，因为它缺乏可类推性。比如，给学生举例解释了"起来、下来"的意思（如"亮起来、暗下来，胖起来、瘦下来，热闹起来、安静下来"）后，有学生造出了"我们学了四个小时了，我累下来了"这样的偏误句。这就是由于类推不当出现的偏误。再如，当我们解释了"下去"的状态义（如"看下去、说下去、生活下去"）后，学生就会类推出"现在上课了，不能打游戏，下了课我们打下去"这样的偏误句。

其实，趋向补语不光是引申义难以类推，其趋向义有时也需要进行单独讲解和学习。比如"把画儿摘下来"和"把画儿摘下去"的语义差异，并不仅仅是趋近说话人和远离说话人这么简单；再如在"他跳上来了"和"他跳起来了"中，"上"和"起"都表达由下而上的位移，那么两种结构的语义差别是什么？又是怎样产生的？

另外，明确趋向补语的意义并不能保证准确理解整个趋向结构的语义。比如"跳下船"，"船"可以理解为位移的起点，也可以理解为位移的终点，那么到底该做何理解？又如"住上了楼房"，"住楼房"是表达居住条件的改善，还是居住条件的改变？

现有的汉语教材限于篇幅，对趋向补语的讲解仍然以系统、类推为主。这样开展教学，难以满足趋向补语教学的个性化需求。刘月华（1998）在趋向补语的个性化方面做了很好的努力，她的《趋向补语通释》一书详细描写了每一个趋向补语的各种意义，并对结构相近的趋向补语进行了辨析。不过，《趋向补语通释》着眼于趋向补语的知识系统，对个性强弱不同的趋向补语同样对待，这在一定程度上削弱了趋向补语教学的针对性。

（二）趋向结构形式的多样性

现代汉语中的趋向结构形式数量非常多，对外国学习者来说，掌握起来难度非常大。那么，现代汉语中为什么会存在这么多趋向结构形式呢？

首先，趋向补语的类别和数量非常多，主要存在三类趋向补语："来、去"，表达相对位置；"上、下、进、出、过、回、起"，表达绝对位置；"上、下、进、出、过、回、起"后接"来、去"，同时表达绝对位置和相对位置。同时，趋向补语与宾语的位置关系复杂，又形成了各种不同的结构式。比如，"来、去"与宾语的位置关系就有三种："拿来一张报纸、拿一张报纸来、把报纸拿来"。再如，复合趋向补语与事物宾语的位置关系有四种："拿过来一张报纸、拿过一张报纸来、拿一张报纸过来、把报纸拿过来"。

上述两类相关结构得到了研究者足够的重视，不过我们在趋向补语的教学中遇到的各类相关结构还有很多，而其中的大部分并没有得到充分的关注。比如位移事件"自主位移进入房间"有如下表达形式可选："他进去了、他走进去了、他进了房间、他进房间去了、他走进房间、他走进房间去了"。不同位移概念成分的隐现形成了这样六个不同的趋向结构。对于这些结构的差异，我们在教学中常常做简单处理，比如告诉学生可以按照需要表达的信息选用适当的结构。这样的解释并不完全有效，因为我们难以说清何时需要表达哪种信息。以位移方式信息为例，在上面的表达形式中，位移方式多以"走"表达；但"走"作为最常见、最无标记的位移方式，并不能给结构增添更多的信息。那么，这类表达形式存在的理据是什么？

再如，"上、开、起来"这三个趋向补语都可以表达起始义，那么"吃上了、吃开了、吃起来了"和"开始吃"在语用上有什么不同？还有，"来、去"表达相对位置的变化，那么什么时候需要表达这一概念成分？比如，我们什么时候说"我给他发了一个邮件"？什么时候说"我给他发去了一个邮件"？我们又应该如何在"父母给我汇了一万块钱"与"父母给我汇来了一万块钱"之间进行选择？另外，在包含位移方向义的一般动词（如"举、抬、登"）后，趋向补语的出现又给结构带来了什么？比如，"举手"和"举起手来"有什么不同？它们与"把手举起来"又有什么不同？

上述种种因素都造成了汉语趋向结构数量庞大，而结构形式的丰富性也就不可避免地造成了使用上的复杂性。相近结构形式的大量存在，破坏了趋向结构意义与形式之间的一一对应关系。这就要求说话人在表达某一意义的时候，需要在相近的结构形式中选择最适合当前表达情境的一个。这种情况造成了学习者在语言输出时的选择困难，汉语教师必须详尽地了解每一个趋向结构的使用条件并以适当的方式教给学生。

二、趋向补语的研究现状

有关趋向补语的研究，包括本体研究和教学研究两个领域。

（一）本体研究现状

趋向补语共时层面的研究主要集中在两个方面：趋向补语的引申义和趋向结构的语序。对趋向补语引申义的研究集中于"上、起（来）、下来、下去"这几个引申义丰富、虚化程度较高的趋向动词。对趋向补语引申义的研究在20世纪八九十年代以描写为主；进入21世纪，则更多地以认知解释为主。对趋向结构语序的研究主要集中在趋向补语与宾语的位置关系上。吕叔湘（1980：34）指出了事物名词在动趋式中的四种位置，朱德熙（1982：128—130）分析了宾语位置的三个决定因素。后期的相关研究基本上都是以两位先生的研究为基础展开的，线索有两条：一是处所宾语与复合趋向补语位置唯一性的解释，二是一般宾语与趋向补语的几种位置关系的异同分析。

趋向补语的本体研究较为深入，但对教学的指导性并不高，首先表现在本体研究与教学所关注的对象不统一，教学中关注的很多问题很难在本体研究成果中找到直接的参考。比如，前文所述的相关结构，其功能语用差异的研究是教学所需的，但本体研究很少涉及。再如，关于趋向结构的语序问题，根据洪琳（2004）的统计数据，在共计292个含复合趋向补语的句子中，有145个句子是无宾句，几乎占到了一半；事物中宾句的数量略逊于无宾句，有94个，占32.2%；

"把"字句有30个，占10.3%。这三种结构所占的比例很高，是趋向范畴中的典型成员，也是教学的重点；本体研究的热点则是对处所中宾句以及对中宾句、前宾句、后宾句差异的研究，但处所中宾句、前宾句、后宾句作为典型性极差的边缘成员并不适合用来教学。

此外，现有的研究对趋向结构的语序问题缺乏统一的解释。比如，有关一般宾语与复合趋向补语几种位置关系的异同分析，因为涉及的句法结构较多，在诸多结构形式、句法表现之间确实很难找到统一的理论进行解释，所以以对结构的描写居多，解释较少。相关研究角度大致包括宾语的信息结构、篇章成分的影响、时体表现、结构的语法化程度、认知理论等。研究角度多，一方面说明研究成果丰富，但另一方面也说明对这个问题还没有得出一致的结论。教学实践证明，对意义、功能有单一标准、统一解释的结构进行教学，教学效果是最好的；而对有多重标准、多种角度解释的结构进行教学，教学效果总不能尽如人意。

（二）教学研究现状

现有的趋向补语教学研究主要从以下三个方面展开：偏误研究、习得顺序研究及教学策略研究。偏误研究多见对某一趋向补语使用偏误的分析，如朴珍玉（2009）对韩国学生"V上"使用偏误的研究、朱京津（2019）对"V起来"误代偏误的研究，还有一系列针对某类母语学习者偏误类型的研究。此外，在一些语法参考书中，也有部分涉及趋向补语偏误类型的研究。趋向补语的习得顺序研究主要聚焦于某类母语学习者的习得顺序，如钱旭菁（1997）关于日本留学生趋向补语习得顺序的研究，杨德峰（2003a、2003b、2004）关于朝鲜语、英语、日语母语学习者趋向补语习得顺序的系列研究。此外，也有部分是针对泛母语学习者的习得研究，如朱京津（2018）基于认知语义对"过来"的习得分析。有关趋向补语的教学策略研究数量不多，如火玥人（2008）关于简单趋向补语教学策略的研究，李恒敏、谭慧（2013）关于复合趋向补语引申用法教学顺序的研究。

相较于本体研究，趋向补语的教学研究非常薄弱，成果数量远远不足；尤其是在教学策略方面，有针对性的研究非常缺乏。另外，对于偏误的研究也过于程式化，难出新意。研究者的偏误分类大多沿用鲁健骥（1994）确定的四个类型，即遗漏、误加、误代、错序；对于偏误原因的分析，也难以摆脱母语负迁移、目的语规则泛化等的窠臼。沿用传统的分类本身没有问题，但很多研究结论止于将新发现的问题套入传统分类，没有深入分析偏误产生的原因，因而在教学中缺乏指导性。

三、编写原则和内容安排

基于趋向补语作为教学对象的特殊性，以及现有研究中存在的问题，我们确定了本书的编写原则和内容安排。

（一）编写原则

1. 实践性

实践性原则体现在两方面：从实践中来和到实践中去。从实践中来，是指所选择的内容都来自教学实践。本书所列的60个问题的来源有二：一是编写者多年教学实践的积累，即教学中发现的很多学生不易掌握、容易出现偏误的问题；二是教学参考书中出现的典型偏误类型及典型问题。到实践中去，是指对问题的分析和讨论以服务于教学为宗旨，力求做到研究成果的教学转化。不以学术高度与理论深度为追求目标，以解决实际问题为标准，对问题的讨论最终落实到具体的教学指导上。此外，追求以最简洁的表达总结每个结构形式的特点，以使研究结论能够直接应用于教学。

2. 普及性

当前，国际汉语教师队伍成员较为复杂，既有语言学或国际中文教育专业毕业的专业人士，也有学术背景各异但有志于从事国际汉语教学的人士。目前，后一类教师所占的比例不在少数，尤其是在海外本土教师队伍中。为了照顾到所有的读者对象，我们特意从基础知识点进行导入，比如趋向补语的概念、构成、类型、意义等，以使非专业出身的汉语教师能够对趋向补语有全面的认识。书中的大部分问题与教学实践紧密相连，对两种教师群体，本书都具有较大帮助和参考价值。

3. 点面结合

由于趋向补语个性强，任何两个趋向补语之间无论在意义上还是在用法上都不具有平行性，过于注重系统的研究和教学很容易造成学生的类推性偏误，因而本书问题以点状分布为主。同时，由于本书所涉及的一些问题之间具有较大的相关性，如对一系列相近结构的功能分析，因而总体的编写原则是点面结合。

（二）内容安排

本书共包含60个问题。这些问题可分作八个部分：基本概念与语言对比、成分与语序、结构的意义、意义的表达、形近结构的语义辨析、形近结构的功能辨析、常见偏误、教学问题与教学设计。

"基本概念与语言对比"部分主要介绍趋向补语的基本概念、组成形式、基本类别、语法意义等基础知识，目的是帮助读者加深对趋向补语这一语法点的理解；同时通过与英语等其他语言进行对比，将汉语置于语言类型学视角下进行观照，使读者明确汉语趋向义的独特表达形式，便于其在汉语教学过程中能够更加设身处地地了解外国学生学习趋向补语的难点所在。

"成分与语序""结构的意义""意义的表达""形近结构的语义辨析""形近结构的功能辨析"五个部分涉及趋向结构的形式、语义、功能三个方面。对因语序不同而形成的几种结构的分布条件进行考察，对潜在歧义结构的不同语义实现条件进行分析，对形式相近的结构进行语义辨析，对相同概念义的不同表达形式的功能进行区分，对同一趋向补语不同语义之间的关系进行分析，可以帮助读者更加细致地掌握趋向结构形式、语义、功能之间的对应关系，以更好地解答外国学生在学习过程中产生的疑问。

"常见偏误"部分涉及趋向补语的偏误分析，包括语法偏误和语用偏误两类。语法偏误是违反了语法规则的句子，语用偏误是合乎语法规则但违反了语用规则的句子。这部分可以帮助读者有效预测外国学生的易错之处，指导教师在教学中有针对性地进行讲解，防止偏误的发生。

"教学问题与教学设计"部分对趋向补语的课堂教学直接进行指导，其中包括语法点的导入方法、讲解方法、练习设计、教学示例选取、课堂活动设计等；

同时结合当前新的教学模式，对趋向补语慕课及翻转课堂教学进行具体的设计。这部分可以帮助读者设计并完成趋向补语的课堂教学。

四、结语

趋向补语个性强、形式多，一直是汉语语法教学中的重点和难点，这也是我们决定编写《趋向补语》这本教学参考语法书的主要原因。在趋向补语的现有研究中，本体研究难以满足教学的需求，而教学研究本身也相对薄弱，因而很多教学中急需解决的问题在现有研究成果中难以找到答案。基于这种需求，我们搭建了趋向补语的教学知识框架，在理论、知识、习得和教学四个方面进行了较为系统的梳理。同时，根据汉语语法教学的规律、趋向补语的特点以及海内外汉语教师的需求，我们确定了《趋向补语》一书的编写原则，即实践性、普及性和点面结合。趋向补语的教学问题绝不是一本书就能够解决的，但我们希望《趋向补语》一书能够给汉语教师提供一点儿切实的帮助。

本书语料大多出自北京大学中国语言学研究中心CCL语料库及北京语言大学BCC语料库，部分为自拟语料。由于篇幅和体例所限，正文中不再标明语料出处。

第一部分　基本概念与语言对比

1. 什么是趋向补语？

趋向补语是汉语特有的一种句法成分，是汉语语法教学的重要内容。要了解趋向补语，我们首先要对现代汉语的句法成分知识进行简单的回顾。

一、现代汉语的句法成分

通常认为，现代汉语中一个完整的单句（即主谓句）包括主语和谓语两个部分。比如单句"你拿一本书"，包含主语"你"和谓语"拿一本书"两个部分。现代汉语的谓语比较复杂，可以由不同性质的成分来充当，比如名词性成分、动词性成分、形容词性成分、主谓结构成分等。其他的我们不做过多介绍，这里主要介绍由动词性成分充当谓语的情况。

动词性谓语可以只包含一个动词，如"（你）拿"；也可以包含一个动词及其宾语，如"（你）拿一本书"；有时动词的前边会出现一些修饰性或限定性成分，即状语，如"（你）明天拿一本书"；有时动词后边会出现一些补充性成分，即补语，如"（你）拿一本书来"。

补语是汉语特有的句法成分。补语的类型有很多，有的是用来补充说明动作的结果的，我们称之为"结果补语"，如"我看完了一本书"的"完"；有的是用来补充说明动作持续的时间的，我们称之为"时量补语"，如"我看了一个小时书"的"一个小时"；有的是用来补充说明动作发生的次数的，我们称之为"动量补语"，如"这本书我看了三遍"的"三遍"；有的是用来补充说明动作所呈现出的状态的,我们称之为"情态补语",如"我看得很快"的"很快";有的是用来补充说明程度的,我们称之为"程度补语",如"热极了"的"极了";有的是用来补充说明动作实现的可能性的,我们称之为"可能补语",如"我看不完"的"不完";有的是用来补充说明动作发生的时间、地点的,我们称之为"介宾补语",如"鲁迅生于1881年"和"这件事发生在北京"中的"于1881年"和"在北京"。此外,还有本书着重介绍的趋向补语。

二、趋向补语

趋向补语是用来补充说明动作的方向性的成分,如"你拿一本书来"的"来"。趋向补语一般位于谓语动词后,由趋向动词充当,如"拿来、走去、走进、送出去"中的"来、去、进、出去"等;也可以位于形容词后,表示状态的发展趋势,如"暗下来、热闹起来"中的"下来、起来"。

从结构形式上说,趋向补语与谓语动词可以紧密相连,如"拿来一本书、走进来一个人"中的"拿来、走进来"。二者也可以被其他成分隔开,如"拿一本书来",谓语动词"拿"与趋向补语"来"被宾语"一本书"隔开;再如"拿了来",谓语动词"拿"与趋向补语"来"被动态助词"了"隔开。

从意义上说,趋向补语表示动作的方向。所谓动作的方向,包括两种:一种是相对于说话人的方向,也叫相对方向,如趋近说话人或者远离说话人,用趋向补语"来、去"表达;另一种是客观位移方向,也叫绝对方向,如由低及高、由外及内等,用趋向补语"上、进"等表达。有时候需要同时表达绝对方向和相对方向,如由低及高地远离说话人、由外及内地趋近说话人,那我们可以用上面两类趋向动词复合而成的趋向补语"上去、进来"等进行表达。

趋向补语与其他类型的补语存在一定的关联。由于趋向补语的引申义可以表示结果义,所以趋向补语与结果补语存在一定的交叉。比如在"考上大学"中,趋向动词"上"表示愿望实现,这是一种结果义。按照现在通行的处理,这种补语仍然归入趋向补语。此外,在动词和趋向补语之间加上"得/不",可以构成可能补语,如"出去→出得去、搬出去→搬不出去"。

趋向补语结构形式多,意义复杂,一直是语法教学的难点。学生习得时偏误率高，偏误类型多种多样。因此，趋向补语应该得到我们足够的重视。

2. 趋向补语有哪几类？

要讨论趋向补语的类型，我们先来看一下趋向动词的构成。

一、趋向动词的构成

趋向补语由趋向动词构成，趋向动词是一个相对封闭的类，包括单音节的"来、去、上、下、进、出、过、回、起"等，如"（拿）来、（走）去、（进）来、（走）进、（送）出"；也包括双音节的"上来/去、下来/去、进来/去、出来/去、回来/去、过来/去、起来"等，如"（走）进来、（拿）出来、（送）出去、（走）过去"。

关于趋向动词的构成，各家意见并不完全统一。除了上面所列举的这些趋向动词外，还有一些存在争议的趋向动词，如"开、到、拢、开来、开去、到……来、到……去、起去、拢来"等。考虑到这些词有的具有方言特点，有的在现代汉语普通话中已经不再使用，有的正处于虚化过程中，有的在语义上不具有典型性，我们暂时将这些词排除在外。

我们将本书所考察的趋向动词暂定为如下22个，参见表2-1。

表2-1　趋向动词成员表

单音节趋向动词		双音节趋向动词	
上	来	上来	上去
下	去	下来	下去
进	\	进来	进去
出	\	出来	出去
过	\	过来	过去
回	\	回来	回去
起	\	起来	\

二、趋向补语的类型

趋向补语的分类角度有很多，现有的分类角度包括动趋式语法表现、空间方位、不同概念内容的凸显、位移参照框架等。齐沪扬（1998a）从参考位置的角度将趋向补语分为"来/去"类、"上/下"类和"上来/下去"类，其中"来/去"类是以说话人或听话人的位置为参考位置，"上/下"类是将说话人或听话人以外的事物或位置作为参考位置，"上来/下去"类兼有前两类的特点。这种分类方式目前接受度比较高。

汉语语法教学界通常从结构形式的角度对趋向补语进行分类。根据结构关系，趋向补语可分为简单趋向补语和复合趋向补语。由简单趋向动词充当的补语叫作简单趋向补语，由复合趋向动词充当的补语叫作复合趋向补语。

简单趋向补语有两种，共9个，具体包括："来、去"[①]（下称"'来、去'类趋向补语"）和"上、下、进、出、过、回、起"（下称"'上'类趋向补语"）。其中，"来、去"类趋向补语表达位移体与说话人或听话人的相对位移方向，"上"类趋向补语则表达位移体的绝对位移方向。比如：

（1）前边走来了一个年轻人。

（2）他借去了我的词典。

例（1）的"走来"表达位移体"年轻人"的自主位移，简单趋向补语"来"表达"年轻人"位移的方向是朝向说话人的。例（2）的"借去"表达位移体"词典"的致使位移[②]，简单趋向补语"去"表达"词典"位移的方向是背离说话人的。再看"上"类趋向补语的例子：

（3）上课了，大家走进教室。

（4）把那张旧床搬出了房间。

例（3）的"走进"表达位移体"大家"的自主位移，简单趋向补语"进"

[①] 有人认为这类趋向补语包括"来、去、走"三个。考虑到教学界的普遍观点，本书暂未将"走"列入。对"去"和"走"的考察，参见本书第27问。

[②] 自主位移和致使位移是物体发生位移的两种方式：如果物体位移借助的是自身动力，比如人或动物的走动，那就是自主位移；如果物体位移借助的是外部动力，比如风吹使得树叶移动或人力搬动使得花盆改变了位置，那就是致使位移。

表达"大家"位移的方向是由外而内。例（4）的"搬出"表达位移体"旧床"的致使位移，简单趋向补语"出"表达"旧床"位移的方向是由内而外。

复合趋向补语一共有13个，具体包括："上来/去、下来/去、进来/去、出来/去、过来/去、回来/去、起来"（下称"'上来'类趋向补语"）。这类补语既可以表达位移体的绝对位移方向，又能表达位移体与说话人或听话人的相对位移方向。比如：

（5）小王手里拿着一个苹果走<u>进来</u>。

（6）把这些东西拿<u>出去</u>，扔了。

例（5）的"走进来"表达位移体"小王"的自主位移，其中趋向补语"进"表达"小王"位移的方向是由外而内，"来"表达"小王"位移的方向是朝向说话人的。例（6）的"拿出去"表达位移体"这些东西"的致使位移，其中趋向补语"出"表达"这些东西"位移的方向是由内而外，"去"表达"这些东西"位移的方向是背离说话人的。

3. 动趋式有哪些常见的类型？

谓语动词与趋向补语组成的结构叫作动趋式，不同的谓语动词与不同的趋向补语组成了不同的动趋式。趋向补语的类型我们在上一问中已经进行了考察，下面我们来看一下谓语动词有哪些不同的类型。

一、谓语动词的不同类型

根据语义，我们可以将趋向补语前的谓语动词分为如下几类：

1. 位移义动词，如"走、跑、爬、跳、飞、跨、迈、滑、升、滚"等。这类动词本身带有位移义。位移义动词与趋向补语组成的动趋式表达由人或事物自身动力引起的位移，比如"走来一个人、走进房间、爬下楼梯"。

2. 处置义动词，如"拿、提、举、送、抬、搬、挂、扶、弄、拉、推、放"等。这类动词本身不含位移义，但含有对事物进行处置的意义。处置义动词与趋向补语组成的动趋式表达由外力引起的位移，比如"送来一本书、搬进房间、抬下楼梯"。

3. 趋向动词，如"上、下、进、出、过、回、起"。这类动词既可以在其他动词后充当补语，又可以作为谓语动词出现。趋向动词与趋向补语"来、去"组成的动趋式表达由人或事物自身动力引起的位移，比如"出来一个人、进房间去、下楼梯来"。

二、动趋式常见的类型

趋向补语分为简单趋向补语和复合趋向补语两类，其中简单趋向补语又分为"来、去"类和"上"类两种；谓语动词分为位移义动词、处置义动词、趋向动词三类。将二者进行不同的组合，我们就可以得到动趋式的常见类型，如下：

1. 位移义动词＋来／去：走来、跑去。
2. 处置义动词＋来／去：拿来、送去。
3. 趋向动词＋来／去：进来、出去。
4. 位移义动词＋"上"类趋向补语：走进、跑出。
5. 处置义动词＋"上"类趋向补语：拿进、送出。
6. 位移义动词＋"上来"类趋向补语：走进来、跑出去。
7. 处置义动词＋"上来"类趋向补语：拿进来、送出去。

以上是动趋式的7类基本式。由于宾语对动趋式的语序有较大的影响，因此动趋式会有较多的扩展式。我们将常见的扩展式列举如下：

1. 走来——走来一个人。
2. 拿来——拿来一本书、拿一本书来、把书拿来。
3. 进来——进来一个人、进教室来。
4. 走进——走进一个人、走进教室。
5. 拿进——拿进一把椅子、拿进教室。
6. 走进来——走进来一个人、走进一个人来、走进教室来。
7. 拿进来——拿进来一本书、拿进一本书来、拿一本书进来、把书拿进来、拿进教室来。

上面列举的动趋式的基本式与扩展式共计25种。如果再考虑到"了"的位置影响，那就会有更多的扩展式出现。比如在"走进来"中，"了"就有两种位置：走了进来、走进来了。

如何让学生在掌握基本式的基础上，把握扩展式的结构、语义和功能，是趋向补语教学面临的巨大挑战。

4. 趋向补语都只表示方向吗？

方向义是趋向补语的基本义，所有的趋向补语都包含方向义。大部分趋向补语在方向义的基础上还引申出不同的结果义（表达谓语动词所表示动作的结果），有的趋向补语还引申出了状态义（表达新状态的开始、延续）。

在本书所考察的22个趋向补语中，仅有5个只表示方向义，包括1个简单趋向补语"回"和4个复合趋向补语"回来、回去、进来、出去"。比如：

（1）跑回厨房　　　　放回桌子上
（2）绕回西安门来　　把你盼回来了
（3）送回家去　　　　劝回去了
（4）快请进来　　　　把花儿搬进房间来
（5）冲了出去　　　　搬出去

其余的17个趋向补语在表示方向义的同时，还可以表示结果义和状态义。趋向补语具体表示何种意义，跟与之搭配的动词有密切的关系。我们先以简单趋向补语"上"为例进行说明。

"上"除了表示方向义，还可以表示结果义和状态义。其方向义表示人或事物由低向高的空间移动。在表示方向义时，趋向补语"上"常常与位移义动词搭配，此类动词包括自主位移类，即由人或事物自身动力引起位移的动词，如"跑、飞、爬、升"；还包括致使位移类，即致使人或事物发生位移的动词，即处置义动词，如"搬、推、抬"。比如：

（6）跑上山　飞上云端　抬上楼　搬上车

趋向补语"上"所表示的结果义层次比较多。首先，它可以表示接触、附着以至固定，常常和表示闭合、填充、封闭、覆盖、捆绑、连接、添加、穿戴、写画意义的动词搭配。比如：

（7）闭上嘴　填上姓名　封上门　贴上邮票　捆上柴火　接上水管　续上茶水　穿上衣服　写上名字

其次，它可以表示实现了预期目的，常常和"吃、穿、买、考、当"类动词搭配。这类动词在语义上的共同点是具有目标性。比如：

（8）吃上满汉全席　考上大学　当上爷爷

趋向补语"上"的状态义多表示新动作或新状态的开始，常常带有"意外"之义。比如：

（9）好好的怎么骂上了？

（10）大家还都没入座，你怎么吃上了？

我们再以复合趋向补语"起来"为例，说明其方向义、结果义、状态义在不同动词后的实现。趋向补语"起来"除了表示方向义，还可以表示结果义和状态义。其方向义表示人或事物由低处向高处的空间移动。表示方向义时，趋向补语"起来"可以与位移义动词搭配，如"站、坐、跳、升、飞"，这些动词本身也包含由低向高位移的方向义。另外，趋向补语"起来"还可以与处置义动词搭配，有的处置义动词本身就包含使物体由低向高位移的方向义，如"举、抬、挂、立"。比如：

（11）升起来　抬起头来　把画儿挂起来

在不同的动词后，趋向补语"起来"所表示的结果义有所不同。它可以与含"聚拢"义的动词搭配，如"收、摞、堆、攒"，表示由分散到集中。比如：

（12）收起来　把钱摞起来　堆起来　攒起来

还可以表示"凸出、隆起"，常与也具有相同语义特征的动词搭配。比如：

（13）肿起来　肩膀弓起来　胸挺起来

趋向补语"起来"还可以表示状态义，表达新状态、新情况、新动作的开始。这一用法使用频率极高，已经语法化为一个起始体语法标记。表示状态义时，趋向补语"起来"可以与各类动词搭配使用。比如：

（14）休息起来　闹腾起来　说笑起来

当谓语动词带宾语时，宾语应置于"起"和"来"中间。同样，当谓语动词是离合词（如"散步、洗澡、鼓掌、理发、聊天儿"等）时，离合词中的"宾语"（即名词性成分）也应置于"起"和"来"中间。比如：

（15）写起信来　打起电话来　鼓起掌来　聊起天儿来

由于起始体语法标记"起来"可以与各类动词搭配，所以在判断趋向补语"起来"的意义时，我们要结合具体的语境。比如，同样是"跳起来"，在下面两例中的意义就有所不同：

（16）收到礼物，他高兴得跳起来。

（17）在老师的鼓励下，她拿起跳绳跳起来。

在例（16）中，"起来"表达的是由低向高位移的方向义；而在例（17）中，"起来"表达的则是从"不跳绳"到"开始跳绳"这种状态变化的状态义。我们将在本书第14问中详细讨论这一问题。

总之，趋向补语的意义非常复杂，不同的趋向补语情况也各不相同。在教学中，我们应该考虑到每一个趋向补语的独特性，将其特殊用法一一向学生展示。这样处理虽然烦琐，但好在趋向补语是一个封闭的类，因而还是易于操作的。

5. 汉语为什么需要用补语表达趋向意义？

我们很难在其他语言中找到与趋向补语对应的句法成分，这是汉语学习者在习得趋向补语时容易出现偏误的原因之一。那么，汉语为什么需要用补语表达趋向意义呢？我们首先从语言类型学的角度对现代汉语进行考察。

Talmy（2000）曾从语言类型学的角度对世界语言的空间位移概念表达方式进行了对比和归类，认为汉语与英语同属卫星框架语言，主要用卫星框架（即"动词+趋向补语"或者"动词+小品词"）表达位移事件；而法语和西班牙语属于动词框架语言，主要用谓语动词表达位移事件和伴随事件。

所谓卫星框架语言，是指在运动事件的表达中，谓语动词用于表达运动的方式、原因或目的，而运动路径这个重要的概念因素则使用动词的卫星成分，或者说附加成分进行表达。在汉语中，这个附加成分就是趋向补语。比如：

（1）他一口气<u>跑上</u>五层，跑得气喘吁吁。

（2）一不小心<u>滑进</u>了路边的一个水坑。

（3）看见有人来，她<u>躲进</u>了树丛。

例（1）的"跑"是运动的方式，例（2）的"滑"是运动的原因，例（3）的"躲"则是运动的目的。在这三例中，运动路径"上、进、进"都以趋向补语的形式表达。

Talmy（2000）认为，根据汉语的演变规律，现代汉语已经由动词框架语言演化为卫星框架语言。不过，柯理思（2003）与Talmy的观点不同。她认为，历史的演变使两种表达模式在现代汉语中并存，现代汉语是动词框架语言和卫星框架语言混合而成的一个互补体系。我们更认可柯理思的观点，因为现代汉语除了可以以趋向动词充当补语这种形式表达位移事件以外，还可以用趋向动词充当谓语动词的形式表达位移事件。比如：

（4）将出太阳，他和纪妈<u>出</u>了城门。

（5）一<u>进</u>他那间小屋，他心中一凉，又不困了。

在这两例中，趋向动词"出、进"是作为谓语动词出现的。这种形式符合Talmy对动词框架语言的描述。我们曾对语料进行过调查、分析和统计，发现口语中趋向动词充当谓语动词的结构与趋向动词充当补语的结构的使用比例为389：90，这一比例充分说明在现代汉语口语中，简单趋向结构不但没有被复合趋向结构所代替，反而呈现出压倒性的优势。尽管如此，现代汉语中仍然存在部分卫星框架结构，即以补语表达趋向意义的结构形式。那么对于这部分结构，现代汉语为什么不能像有些语言一样通过添加词缀的方式表达趋向意义呢？比如法语就可以通过在完成体动词前添加词缀"Me-"表达趋向意义。这与汉语属于孤立语这种语言类型有很大关系。孤立语缺乏形态变化，词缀不发达，所以现代汉语采用了在谓语动词之后添加补语成分这一手段表达位移路径等意义。

此外，相关研究显示，上古汉语中有些动词本身带有趋向义，但在发展演变的过程中，其趋向义逐渐析出，到中古时期形成了趋向补语。比如：

（6）贾用不售。（《诗经·邶风》）

（7）除其害者以持养之。（《荀子·劝学》）

例（6）中的"售"古义是"把货物卖出去"，今义是"卖"，动词本身的趋向意义弱化，现代汉语中要用补语成分"出"指示位移路径，所以多用"售出"；例（7）中的"除"古义本身就是"除去"，而现代汉语中要添加补语成分"去"表达"除去"之义。

综上，由于汉语缺乏形态变化且汉语动词演变至今大部分已不表示趋向义，因此现代汉语需要在谓语动词之后增添补语成分来表达位移路径等意义。

虽然在现代汉语中运动事件的表达存在两种不同的模式，并且口语表达中以趋向动词充当谓语动词的结构为主，但在教学中，我们仍应将更多的精力放在趋向动词充当补语的结构上，因为这种不同于其他语言的独特表达形式才是汉语学习者习得的难点。

6. 所有的语言中都有趋向补语吗？

"趋向"是人类语言共有的概念，但是不同的语言会采用不同的表达方式。在上一问中，我们介绍了Talmy（2000）的语言类型学归类，即汉语与英语同属卫星框架语言，主要用卫星成分表达位移事件；而法语和西班牙语属于动词框架语言，主要用谓语动词表达位移事件和伴随事件。也就是说，世界上的语言表达趋向时大体上会采用两种形式：一是选取本身具有趋向意义的动词表示；二是在动词前后添加词缀或其他成分，如助动词、小品词等共同表达趋向意义。

大多数语言本身就有直接表示趋向意义的动词，比如汉语中的"升、降、离开"、英语中的"arise、descend、depart"等，但是数量不多。语言中最常用的表趋向的形式还是在动词前后添加词缀或其他成分共同表达趋向意义。本书着重从趋向意义的表达形式和意义两个方面考察汉语、英语、法语、俄语、日语、泰语、韩语、印尼语中趋向词的使用情况，以期为汉语教师的国别化教学提供一定的参考。

在汉语中，趋向意义的表达可以选择趋向动词充当谓语动词的形式，还可以将趋向动词放在谓语动词后面充当补语。比如：

（1）他<u>进</u>教室了。

（2）王宏<u>来</u>了。

（3）李四出<u>来</u>了。

（4）老师站<u>起来</u>。

例（1）和例（2）都是以趋向动词充当谓语动词表示位移方向；例（3）是趋向动词"出"充当谓语动词，同时趋向动词"来"做"出"的补语；例（4）则是趋向动词"起来"充当谓语动词"站"的补语。

在英语中，趋向意义的表达是通过"动词 + 虚词"的结构，即趋向动词短语的形式实现的。英语中表达趋向意义的虚词有30多个，比汉语的要更丰富，如"around、in、off、by"等；趋向动词短语的语序与汉语的基本一致，即表示趋向意义的虚词位于谓语动词之后。比如：

（5）Mary walked <u>down</u> the road.（玛丽顺着马路走下去。）

（6）The airliner has taken <u>off</u>.（客机已经起飞了。）

汉语和英语在趋向结构本义的使用上基本是一致的，主要区别在引申义上，这是由思维方式的不同造成的。因此，汉语和英语对某一意义的表达，可能存在是否使用趋向结构的表达差异。比如：

（7）人人都希望他有所成就。（不用趋向结构）

　　Everyone expects him to get <u>on</u> in life.（使用趋向结构）

（8）病人又折腾<u>上</u>了。（使用趋向结构）

　　The patient started tossing and turning again.（不用趋向结构）

在法语中，趋向意义的表达不使用趋向补语，而是采用自身具有表示动作运动方向及人或事物位移变化含义的完成体动词。法语中的趋向意义是由完成体动词单独表示的，对应的动词有"aller、venir、apporter、rapporter、rentrer、sortir、partir、envoyer"等，其结构为"完成体动词""动词 + 副词"或者"系动词 + 形容词"。法语中由名词充当的宾语，其位置比较简单，或者位于动词后，或者位于介词后。（耿京茹，2005）比如：

（9）Chaque année il retourne au pays natal.（他每年都回家乡去。）

（10）Ses parents lui ont envoyé les frais scolaires.（他父母给他把学费寄去了。）

在结果义的表达上，法语中存在另一类完成体动词，其自身词义可以表明状况的变化，而这种状况的变化反映出事物的一种因果关系。比如：

（11）Aujourd'hui elle a mis un mauteau gris.（今天她穿上了一件灰色大衣。）

不过，法语的完成体动词数量有限。与汉语运用动补结构所表达的结果义相比，法语的完成体动词所表达的结果义并不丰富。

俄语用添加词缀的方式表示趋向意义，其中表示趋向的动词前缀的意义相当于汉语中简单趋向补语的本义，二者在意义上完全对应。汉语的动趋结构一般包含两个词，即"动词+简单趋向补语（本义）"，而俄语的为一个词，即表示趋向的动作动词。汉语中由简单趋向补语（引申义）"上、下、进、出、回、过、起"构成的动趋结构在俄语中都用一个完成体动词表示，它们之间是一一对应的。俄语的趋向结构语序和汉语的后宾式[1]一致，即"动词+趋向补语+宾语"。相较于汉语，俄语的趋向结构中宾语位置比较单一。（翟英华，2008）

至于趋向补语的引申义，俄语中的相应表达式体现得并不明显，而且有些引申义两种语言间并不是一一对应的关系，如汉语同一复合趋向补语的引申义在俄语中可以用多种形式表示，错综复杂。所以在进行汉俄互译时，我们需要借助上下文语境确定具体语义。

日语中的"来る、去く"都可以单独使用以表示趋向，这与汉语中的"来、去"用法一致，但是日语中的"来る、去く"派生出来的意义要比汉语中的"来、去"更加丰富。日语表示趋向意义的语序与汉语的中宾式[2]一致，即"动词+趋向补语1+宾语+趋向补语2"，且动词后还有后缀"て"或助动词共同表示动作的移动、时间的持续或者状态的变化。（朱巨器，2000）

泰语的语法系统里没有补语这一句法成分，补语的功能由状语承担，状语可以出现在动词前，也可以出现在动词后。出现在动词后的状语相当于汉语中的补

---

[1] 关于后宾式，详见本书第10问。
[2] 同上。

语。从概念化的角度说，泰语与汉语的不同主要是："上"与"起"、"上来"与"起来"的表达形式不做区分。泰语中不带宾语的趋向结构的语序与汉语的一致，即"动词+趋向补语"。泰语中带宾语的趋向结构，其宾语只能位于趋向动词之前，并与谓语动词结合较紧，相当于汉语的中宾式。另外，汉语中用"把"字句表示位移趋向的，在泰语中一般用受事主语句表达。（陈晨，2005）此外，在表达趋向意义时，同一趋向词在汉语与泰语中的侧重点有所不同。比如"下"在汉语中侧重表达位移终点或起点，而在泰语中只侧重表达位移终点，在泰语中表示位移起点必须在趋向动词后加介词"从"；再如复合趋向补语"出来、下去"中的"来、去"只是起到增加参照点的作用，复合趋向补语的语义重心在第一个语素上，所以我们可以说"答不出"或"答不出来"，而泰语正好相反，其语义重心在后一个语素上，强调与说话人的位置关系，后面的"来、去"不能省略。最后，相较于汉语，泰语中趋向词的引申义十分缺乏，"上、起、出、过"等在泰语中均没有相应的引申义。

　　韩语的趋向词位于谓语动词后，且语法意义比较单一，大部分只表示趋向意义，只有两个可以表示体标记，分别是"-가다（去）"和"-오다（来）"。韩语中有些动词本身带有趋向义，如"숙이다（低下头）"。在韩语中，趋向结构中的宾语位置比较单一，只能位于谓语动词的前面。（黄玉花，2007）

　　印尼语中没有"趋向补语"这一概念，但有表示趋向的词语，其在印尼语中叫作"方向副词"。印尼语中有一个特殊的方向词"Ke"，大部分动词要表示趋向必须与之搭配。表示方向或处所的动词其前添加了"Ke"后，就含有了"往……来"或"往……去"的意思。"Ke+方向/处所"可以看作印尼语中的简单趋向结构，"来+Ke+方向/处所"可以看作印尼语中的复杂趋向结构。（康慧贤，2012）

　　综上，世界上所有的语言中都有"趋向"这一概念，但其他语言的表达形式跟汉语都有较大差异，趋向补语是汉语特有的句法成分。趋向补语之所以是汉语学习者较难习得的语法项目，正是因为其独特性。我们在教学中一方面应该从现代汉语的角度讲清楚趋向补语的结构形式，另一方面应该注意与学习者的母语进行对比，以使学习者明确两种语言之间的差异，避免负迁移的产生。

7. 汉英在表达趋向意义的时候有什么异同？

按照Talmy（2000）的语言类型学归类，汉语与英语同属卫星框架语言，主要用卫星成分表达位移事件。虽然如此，但汉语重意合，英语形态变化多，所以在形式上二者仍然存在较大的差异。此外，由于文化不同，两种语言的趋向结构也会产生不同的引申义。

一、两种语言表达趋向意义时的相同或相近方面

1. 在表达形式上，汉语的趋向补语和英语的小品词一样，都紧跟在核心动词后面，与核心动词一同构成动词的复合体。二者都以动词为句子的核心，附加成分缀在核心动词之后，如"sit down—坐下、walk away—走开"等。在这一点上，汉语和英语是一致的。

2. 在意义上，汉语和英语的趋向结构都可以表示方向义，这是基本义；除此之外，也都可以表示引申义。比如在汉语中，"吃上了放心粮、住上了新房"中的"上"表示的并不是由低处向高处移动的意义，而是所希望的结果达成。再如"天色暗下来、她的声音低下去"中的"下来、下去"也不表示由高处向低处移动的意义，而是表示"正向向负向的变化"（刘月华，1998）。与此相似，英语的趋向小品词也常常表示引申义。比如"stay over（过夜）、eat up（吃掉）、tie up（绑起来）、use up（用光）"中的"over、up"已经不表示真正的方向义，而是引申义。英语的趋向小品词和汉语的趋向补语表达的是方向义还是引申义，要看其所处的具体语境及所结合的动词。需要注意的是，汉语和英语所表达的引申义虽有重合，但差异也非常大。引申义的发展，既取决于人类的思维共性，也取决于语言使用者的深层次文化与思维方式。同样是表达向上义的"起来"和"up"，在汉语和英语中都可以引申为"聚拢"义，如"收拾起来"和"gather up"；但是，"起来"可以引申出"开始"义（如"笑起来"），"up"可以引申出"完全、彻底"义（如"eat up"），这一点两种语言是不相通的。

二、两种语言表达趋向意义时的差异之处

1. 在汉语中，趋向意义的表达形式有四种：第一种是以趋向动词作为谓语动词的结构；第二种是以趋向动词作为谓语动词，趋向动词"来、去"做补语的结构；第三种和第四种分别是以一般动词作为谓语动词，趋向动词做简单趋向补语和复合趋向补语的结构。分别如下：

（1）下雨了，快进屋！

（2）下雨了，快进屋去！

（3）下雨了，他走进屋。

（4）下雨了，他走进屋去。

在例（1）中，趋向动词"进"做谓语动词，表达由外到里的位移方向。在例（2）中，趋向动词"进"做谓语动词，表达由外到里的位移方向；趋向动词"去"做补语，表达背离说话人的位置，向另一位置趋近。在例（3）中，一般动词"走"做谓语动词，表达位移的方式；趋向动词"进"做补语，表达由外到里的位移方向。在例（4）中，一般动词"走"做谓语动词，表达位移的方式；趋向结构"进……去"做补语，表达由外到里及远离说话人的位移方向。

在英语中，上述趋向意义常常是通过句中核心动词搭配小品词这一结构实现的。核心动词和小品词各有意义，二者在逻辑上构成一个完整的意思，其中小品词往往表示趋向意义，比如"bring in（带进）、bring out（带出）、spill over（溢出）、take in（拿进来）、take out（拿出去）"等等。这类结构基本对应例（3）中的趋向结构类型，也就是前文提到的两种语言中存在的相近形式。此外，英语中也存在少量与例（1）类似的趋向结构，比如"enter the room"。但是，例（2）和例（4）中的趋向结构在英语中并不存在。

2. 在汉语中，趋向动词可以依附在一般动词后表达动作的方向，且一般动词可以带有较强的方式义，如"他爬上房顶"的"爬"就包含了位移的方式义。英语则不同，其"动词+小品词"结构要表示趋向义，至少需要满足两个条件：第一，动词必须是动作动词；第二，动词本身不能含有方式义。方式义和方向义在英语趋向结构中是相互排斥的。比如：

（5）a. John sprinted *in / into the changing rooms.

　　　b. John came in / into the changing rooms.

例（5）中的"sprint"和"come"的不同之处在于："sprint"包含了明确的方式义，因此不能用"in"表示趋向义；而"come"所包含的方式义较弱，可以用介词"in"表示趋向义。

3. 有时汉语中需要用趋向补语表达的意义，在英语中却不需要小品词的帮助，因为有些动词本身就带有方向义。比如在汉语中，动词"借"本身并没有方向义。在"我借来一辆车"中，"借"与趋向补语"来"搭配使用后才有了由外向内的方向义；但在"我借出去一辆车"中，"借"与趋向补语"出去"搭配使用后才有了由内向外的方向义。"借"与不同的趋向补语搭配会有不同的方向义。但在英语中，表达由外向内的借入，可以用"borrow"，比如"I borrowed a car"；表达由内向外的借出，可以用"lend"，比如"I lent him a car"。英语动词"borrow"和"lend"无须附加任何小品词就可以表示向内或向外的趋向意义。

4. 在汉语中，形容词是可以直接做谓语的，趋向补语可以直接跟在形容词后面，如"好起来""暗下去"等。当然，在这种情况下，趋向补语通常表达的是引申义。英语中则没有类似的结构。

英语是国际第一通用语，也是汉语教学中常用的媒介语。以英语为母语 / 第一外语的汉语学习者常常会受到英语正负迁移的影响。明确汉英在趋向意义的表达上有何异同，将助力汉语趋向补语的教学。

第二部分　成分与语序

8. "了"与趋向补语的位置关系如何?

"了"可以说是汉语语法教学中的最大难点。说它难，一是因为很难说清何时用，二是因为很难说清它在句子中出现的位置。在趋向补语的教学中，"了"依然是一个难点。比如在趋向结构中，"了"的位置不具有唯一性，我们可以说"走了过来"，也可以说"走过来了"。那么，不同的语序类型使用频率一样吗？不同的语序会不会造成使用上的差异呢？

一、"了"倾向于前置还是后置？

我们归纳了"了"位置非唯一的4种自移类动趋式结构，对结构中的某些变量进行了限定，并在北京大学中国语言学研究中心CCL语料库6000万字的当代文学语料中对4种结构中"了"的位置进行了考察，统计结果参见表8-1。

表8-1　自移类动趋式结构中"了"的位置统计表

动趋式结构	"了"的位置	出现例数
"上"类趋向动词＋处所＋来/去	前置：上了楼去	1
	后置：上楼去了	54
一般动词＋"上"类趋向补语＋处所	前置：走上了楼	33
	后置：走上楼了	5
一般动词＋"上来"类趋向补语	前置：走了上去	86
	后置：走上去了	14
一般动词＋"上"类趋向补语＋处所＋来/去	前置：走上了楼去	2
	后置：走上楼去了	8

从表8-1中可以看到，在这些结构中，"了"的位置虽然不固定，但总有一个常出现的位置。比如，我们更常说"走了上去"，较少说"走上去了"。而且，出现在常见位置与不常见位置的例数对比悬殊，如"走了上去"类的用例数是"走上去了"类的6倍多。在汉语语法教学中，特别是在初级汉语教学阶段，我们对于"了"出现在不同位置所形成的两种结构，最简单的处理方法就是只向学生介绍高频结构。

二、"了"前置与后置的不同

作为汉语教师，我们同时也应该明确，之所以存在"了"前置与后置两种结构，一定是有原因的。这个原因可能是上下文结构的限制，也可能是语义或语用的限制。我们以表达自主位移的"位移义动词＋'上来'类趋向补语"结构和表达致使位移的"处置义动词＋来/去"结构为例进行说明。

1."走了上去"和"走上去了"

"走了上去"和"走上去了"两类结构的使用比例是86∶14。根据刘月华（1998）的观点，在"走了上去"类结构中，"了"管辖的是前面的动词，其功能是叙述性的，叙述某一动作正在实现。这时，动词前常常有描写性状语，如例（1）中的"一样样地"。

（1）宾主慢慢喝着酒，王夫人亲手烧好的菜肴，由陈嫂一样样地端了上来。

（2）刘跃进也慌忙结了馄饨账，找到自己的自行车，推上，跟了上去。

（3）顾远山一家都吐了一口气，跪着的都站了起来。

在"走上去了"类结构中，"了"管辖的是前面的动词和趋向补语，其功能是表示事情、状态的实现，它可以叙述位移、结果、状态正在出现，也可以叙述已经存在或可能出现的事实。比如：

（4）我不去理睬他们，而是走向了鲁鲁，那时候鲁鲁已经站起来了。

（5）听说一楼的那个小伙子已经把问题反映上去了，说你牟取暴利。

这类结构中常有表示已然、肯定语气的状语，如"已经、早就、终于、自然、是"等，如例（4）和例（5）。

2. "拿了去"和"拿去了"

我们也对"处置义动词＋来／去"结构进行了考察，结果显示，"拿了去"和"拿去了"两类结构的使用比例是6∶93，相差悬殊。通过对语料的分析，我们发现这两类结构的区别主要体现在动作行为的现实性上："拿了去"可用于对非现实性动作行为的表达，"拿去了"则用于对现实性动作行为的表达。比如：

（6）若是这样一份材料被歹徒拿了去，他们不是雪上加霜！

（7）学生丢了牙膏肥皂、小东小西，从来不会怀疑是她顺手牵羊拿了去。

（8）我倒是写了不少书，挣了不少钱，也买了不少东西，但是都被公司拿去了。

（9）到手的好差事叫人家拿去了。你就不能学学人家王胖子？

例（6）中的"材料"并没有被歹徒拿去，这只是一种假设情况。例（7）中的"牙膏肥皂、小东小西"也不是被"她"顺手牵羊拿走了。但在例（8）和例（9）中，东西是真的被人拿走了。

总之，在趋向结构中，"了"在前还是在后是受到一定因素影响的。这些因素的存在极大地影响了前置、后置两类结构的出现频率。教师在初级汉语教学中可以只向学生介绍高频结构，到中高级阶段再对两类结构的使用差异进行讲解。

9. 趋向补语与处所宾语的位置关系如何？

一、趋向结构中处所宾语的位置问题

关于趋向结构中处所宾语的位置问题，讨论最多的是由"上"类趋向动词充当谓语动词、由"来、去"充当简单趋向补语的动趋式中处所宾语的位置，以及处所宾语与复合趋向补语的位置关系（下文用"进房间来"和"走进房间来"代指这两种结构）。比如：

（1）小王进房间来。

（2）他上山来。

（3）小王走进房间来。

（4）他走上山来。

对于这个问题，吕叔湘（1980）、朱德熙（1982）指出，处所宾语的位置具有唯一性，即处所宾语只有一个位置，只能插在"上"类趋向动词和"来、去"之间。

对于处所宾语位置唯一性的解释有很多，我们采用张伯江、方梅（1996）的说法：处所宾语与趋向补语的位置关系与"上"类趋向动词的及物性和"来、去"的不及物性有关。"上"类趋向动词是及物的，处所宾语是它带来的，而同时"来、去"是不及物的，所以处所宾语不能在其后，那么处所宾语只能位于二者之间。比如，"进"具有及物性，可以带处所宾语"房间"，同时"来"是不及物的，不能带处所宾语，那么最后就形成了"进房间来"这种结构形式。

二、教学中的问题

"进房间来"和"走进房间来"这两种结构是初级阶段语法教学中常见的教学内容。在教学中，虽然我们一再强调处所宾语与"来、去"的位置关系，但学生在语言输出时仍然会因为处所宾语位置不当而出现偏误。比如：

（5）*她们走出去房间。

（6）*学习完了，山本要回去日本。

（7）*我5月23日回来北京。

这类偏误句的出现与我们的教学顺序不无关系。在初级阶段的语法教学中，我们通常是把几类趋向结构一起教给学生，比如"进来、进房间、进房间来、走进来、走进房间、走进房间来"。当学生掌握了"进来、走进来"这种近乎词汇化的结构后又接触到了"进来"与"房间"的组合情况，自然而然就会出现例（5）~（7）的偏误。

吕文华（1995）提到，"走进来教室"这种偏误的大量出现与事物宾语语序的教学有关。因为我们告诉学生既可以说"买回一支笔来"，又可以说"买回来一支笔"；而在同一课里，又告诉学生必须说"走进教室去"。这样一来，学生就很难区分清楚,所以才会常常说出"跑回去宿舍"这样的偏误句。但在实际语料中,"买回一支笔来"的使用频率比"买回来一支笔"高得多①。如果我们在初级阶段删除"买回来一支笔"这种非常用、非基本的语法项目,那就可以简化语法教学,提高教学效率,也可以避免学生对处所宾语的位置进行错误的类推。这对于减少处所宾语位置偏误是一个非常有效的建议。

不过我们也会遇到这样的问题:学生即便把"进来"与"房间"的位置关系说对了,说出的句子也仍然不够自然。比如例(5')~(7'):

(5')？她们走出房间去。

(6')？学习完了,山本要回日本去。

(7')？我5月23日回北京来。

处所宾语与"来、去"的位置关系似乎已经成为语法教学中一种"化石化"的偏误类型,常教常错。或者说,"错也错,对也错"。"错也错"是指位置关系容易搞错,"对也错"是指位置关系对了但说出的句子可接受度仍然很低。那么,问题到底出在哪儿？我们到底应该怎么处理这类问题？

我们认为,在汉语教学,尤其是初级汉语教学中,不宜过多强调这两种结构中处所宾语的位置问题。"进房间来"和"走进房间来"并不是交际中常用的结构,两种结构的使用都是有特定的语用限制的。我们将在本书第37、38问中对二者的使用条件进行具体分析。

10. "拿出来一本书" "拿出一本书来" 还是"拿一本书出来"？

当事物宾语出现在含复合趋向补语的结构中时,其位置具有非唯一性。比如,我们可以说"拿出来一本书""拿出一本书来"和"拿一本书出来"②。我

---

① 详见本书第11问。

② 当然还有"把书拿出来"这种结构。这种结构与其他结构的差异较为明显,基本上相当于"把"字句与SVO句的差异。以"把书拿出来"为例,其中的"书"为定指成分,充当句子的次话题,整个句子在意义上强调对"书"施加的影响。学界对"把"字句的研究已有很多成果,我们在此不再赘述。

们把这三种结构分别称为"后宾式""中宾式"和"前宾式"。这三种结构表达的意义相同，都是指通过"拿"的动作使"书"产生位移，从而发生从隐藏到显现的变化。汉语学习者面对这三种结构时常感到困惑：在使用中，我应该如何在三种结构间进行选择呢？下面我们将从使用频率、宾语长度、语篇特点以及在祈使句中的使用情况等角度对三种结构的差异进行分析。

一、三种结构的使用频率

我们全面检索了北京语言大学BCC语料库文学类语料中"拿出来"与宾语共现的结构，得到的数据参见表10-1。

表10-1 "拿出来"与宾语共现结构统计表

结构	例数
拿出来NP	54
拿出NP来	1355
拿NP出来	89

从表10-1中可以看出，"拿出NP来"的使用频率是最高的，另外两种结构的使用频率都比较低。张伯江（1991b）、贾钰（1998）也都有类似的发现，如张文认为前宾式使用频率非常低，贾文认为中宾式为常见格式。二者的发现与我们的结论是一致的。

目前，我们对后宾式、中宾式和前宾式的教学是不分主次的，一般会同时把三种结构展示给学生，并让学生通过各种练习熟悉这三种结构形式。考虑到使用频率上的差异，我们在教学中应该以"拿出NP来"结构为主，兼顾其他两种结构，避免平均用力。

二、三种结构中的宾语长度

三种结构中的宾语形式也有很大的不同。我们按照音节数量可以将宾语分为1~2音节、3~4音节和5音节及以上三种。其中，1~2音节的通常是光杆儿名词形式，如"钱、东西"；3~4音节的多为数量名结构，如"一块钱、（一）点儿东西"；5音节及以上的多为带修饰性定语的名词性短语，如"一点儿稀罕东西"。语料统计结果参见表10-2。

表10-2　与"拿出来"共现的宾语音节长度统计表

单位：例

结构	1～2音节	3～4音节	5音节及以上	共计
拿出来NP	10	23	21	54
拿出NP来	486	447	422	1355
拿NP出来	55	29	5	89

从表10-2中可以看出，后宾式结构中倾向使用长宾语，3～4音节和5音节及以上两类宾语所占比例较高，共计44例；1～2音节的宾语只有10例，其中单音节宾语没有出现。在中宾式结构中，长短宾语所占的比例较为均衡。前宾式结构中倾向使用短宾语，1～2音节的有55例，占总例数的一半多，其中单音节的占了28例。请分别看下面的例子：

（1）爱爱这时把带回来的提兜解开，<u>拿出来一块肉、一包元宵、半斤粉条，还有一大堆碎馍块</u>。

（2）军训教官是个军阀时代的老头子，上课的时候，经常<u>拿出一个带盖的大表来</u>看时间。

（3）冷太太总是爱着这一个独生的姑娘，就<u>拿了钱出来</u>，叫韩观久替她去买去。

后宾式中倾向使用长宾语，这是"重成分后置"原则的体现；前宾式中倾向使用短宾语，尤其是单音节宾语；中宾式中的宾语长度比较均衡，这与该结构使用频率高是相关联的，因为使用限制少，数量才有可能多。

后宾式中使用短宾语，多是在这样的情况下：宾语所指是某事物的组成部分，该事物在前文已提及。比如下面两例中的"两个小餐盒"和"一个"、"少得可怜的白面"和"一点"。

（4）她打开冰箱，蹲下来看还有什么。里面有两个小餐盒，<u>她拿出来一个</u>，在微波炉里加热了一下。

（5）村里来了工作干部轮上他们管饭，家里总要把少得可怜的白面<u>拿出来一点</u>，给公家人做一顿好吃的。

三、三种结构的语篇特点

三种结构所在的语篇也具有不同的特点，集中体现在上下文语义是顺承关系还是转折关系上。

1."拿出来NP"结构

"拿出来NP"结构往往出现在表顺承关系的上下文中，比如下面的例句：

（6）这时候他有点想吃东西了，就<u>拿出来一个鸡蛋</u>，在一地砖上轻轻敲了几下，接着剥开蛋壳，将鸡蛋放进了嘴里……

"他有点想吃东西了"，于是"拿出来一个鸡蛋"。前后两句在语义上是接续的。观察整个语段，所有的状态和动作都是连贯的、顺承的（想吃东西→拿鸡蛋→敲开→剥开→放进嘴里），给人一气呵成的感觉。在这样的语段中，我们可以加上表示顺承关系的关联词"于是"，如：

（6'）这时候他有点想吃东西了，于是就拿出来一个鸡蛋。

再如下面的例句，病人"说红伞太刺眼"，于是护士"拿出来一把黄绸伞"，前后在语义上也是顺承的。

（7）（护士手上夹把红绸伞）有一位病人突然阻止了她，说红伞太刺眼，与腊梅不太搭配。护士噘嘴一笑，转身回到办公室，<u>拿出来一把黄绸伞</u>。

2."拿出NP来"结构

相较而言，"拿出NP来"和"拿NP出来"则很少出现在顺承语义中，这两种结构所在的语篇都具有弱转折的语义特点。其中，"拿出NP来"结构所在的语篇略有出乎意料的含义。比如：

（8）（赵君答应帮忙找车，但我不敢完全相信）岂知这天晚上，赵君果然带了司机来了。问明人数，点明行李，叮嘱司机之后，他<u>拿出一卷纸来</u>，要我作画。我就在灯光之下，替他画了一幅墨画。

"拿出一卷纸来"与上文"赵君"的一系列行为（安排坐车事宜）关联不

大，其在语义上给人一种出乎意料之感。再如：

（9）说毕，在铁床后面，<u>拿出一件印度绸的长衫来</u>，背着电灯穿将起来。又在书架子背后<u>拿出一根细条儿的手杖来</u>。钱作揖笑道："你也是造孽，穿了一件衣服，还是这样偷偷摸摸的。"

行为主体的意外行为引发了钱作揖的感叹：穿件衣服还要"偷偷摸摸的"。

中宾式的意外义在文学作品中多有应用。在故事叙述中使用中宾式结构，可使故事情节跌宕起伏，引人入胜。比如下面的例子：

（10）我以为他们是到附近看别的朋友去了，也没有在意。可是不多一会，他们就回来了，一多先生<u>拿出一包烟来</u>，往茶几上一扔，笑说："你们新居什么都好，就是没有茶烟待客，以后可记着点！"说得我又笑又窘！

（11）"你看，我给你找了什么东西来？"王雄从一个牛皮纸袋里，<u>拿出了一只精致的玻璃水缸来</u>，里面有两条金鱼在游动着。

"拿出一包烟来、拿出了一只精致的玻璃水缸来"这样的行为，由于其意外性，引发了文中人物的好奇心，也使读者获得新奇感，产生读下去的急迫感。

3. "拿NP出来"结构

"拿NP出来"结构所在的语篇也具有弱转折的语义特点，但转折的意味比中宾式要强一些，语篇中也常出现"可是、却"等转折性词语，如例（12）。"拿NP出来"多表达与对方预期不符的行为，所以语篇中常出现"你有所不知、哪里还能"等短语，如例（13）和例（14）。

（12）他就一个人把衣服脱了来睡了。海棠只是不来睡，坐了一会，却<u>拿了一副骨牌出来</u>，好像在那里卜卦的样子。质夫看了她这一种愚笨的迷信，心里又好气，又好笑。

质夫希望海棠一起睡觉，海棠却"拿了一副骨牌出来"卜卦，所以质夫心里又好气，又好笑。

（13）李冬青道："我不信，他们老太爷只给她这几个钱。"史科莲道："你有所不知，阔人家的小姐奶奶正项用途，是用不着<u>拿钱出来</u>的。绸缎店里有招子，鞋子店里有招子，洋货店里有招子，就是在熟馆子里吃顿饭，也可以记一笔，她们除了看戏看电影，花什么钱呢？所以家里并不多给。"

（14）你不给他钱，他先不愿意，他哪里还能拿钱出来呢？

在例（13）中，李冬青以为"她"应该有很多钱用来花销，其实因为"用不着拿钱出来"，"她"并没有很多钱。在例（14）中，"他"希望的是别人给自己钱，所以让"他""拿钱出来"是绝对不可能的。

四、三种结构在祈使句中的使用情况

三种结构在祈使句中的使用情况也不相同。张伯江（1991b）认为，如果不带"了"，"拿出来一本书、拿出一本书来、拿一本书出来"三种结构的祈使意味是逐渐增强的。具体而言，"拿出来一本书"只能理解为陈述句，"拿出一本书来"有陈述和祈使两种可能，"拿一本书出来"只能理解为祈使句。为什么会有这样的差异呢？

我们认为，后宾式用于表达顺承性动作，基本不用于祈使。因为顺承性与祈使性是相矛盾的，顺承性的动作多为自然而然发生的，不需要他人命令或要求。在我们搜集的54例后宾式语料中，没有一例是用于祈使句的。

前宾式多表达与预期不符的行为，可用于祈使句。因为与预期有偏差的行为往往需要他人的命令或要求作为动力。前宾式的祈使语气大多比较强烈。比如：

（15）这点你自己要拿点颜色出来，要叫他怕你！你说一他不敢说二！

根据我们对语料的分析，在89例"拿NP出来"语料中，有21例是用于祈使句的，其所占比例为24%。

中宾式的弱转折性决定了它也可以用于祈使。在1355例语料中，有140例是用于祈使句的，其所占比例为10%，比前宾式的低了很多。除了使用比例比前宾式低以外，中宾式用于祈使时语气也没有那么强烈。比如：

（16）——你为我想得真周到。谢谢。

——谢谢要拿出实际行动来。给我一个吻。

总之，就三种结构的各种使用条件而言，中宾式基本处于前宾式和后宾式的中间：在宾语长度上，前宾式中倾向于使用短宾语，后宾式中倾向于使用长宾语，中宾式中长短宾语均可；在语篇特点上，前宾式具有弱转折性，后宾式具有

顺承性，中宾式具有较弱的弱转折性；在祈使性上，前宾式所表达的祈使语气较强，后宾式不表达祈使语气，中宾式所表达的祈使语气没有前宾式那么强烈。所以，从某种角度说，各种使用限制条件在中宾式结构中得到了中和。

根据上面的分析，我们为"拿出来一本书、拿出一本书来、拿（一本）书出来"三种结构分别提供了合适的使用情境，具体如下：

（17）他喝了一杯咖啡，感到神清气爽，于是从书包里拿出来一本书，打开，看了起来。

（18）大家都在说笑，他从书包里拿出一本书来，往桌子上一扔，大家立刻安静了。

（19）考得这么差还在玩儿手机！拿书出来，看！

例（17）中的后宾式不可改为前宾式，例（19）中的前宾式也不可改为后宾式，但二者都可以改为中宾式。这是中宾式的使用限制条件得到中和的表现。

在三种结构中，中宾式的使用频率比另外两种要高，使用限制条件也比另外两种少得多，因此在教学中，我们应该把中宾式作为主要的教学内容。

还有一个事实不容忽视。在表达"通过'拿'的动作使某物产生位移，从而发生从隐藏到显现的变化"这样的语义时，除了上述三种结构以外，现代汉语中还有一种使用频率更高的结构，即不使用趋向补语"来/去"的"拿出一本书"。根据我们的考察，在同样的语料范围内，"拿出NP"类结构共出现了4784例，其出现的频次是中宾式的3.5倍多。由于汉语学习者的语言输出是从意义到形式，所以我们在教学中应该考虑到同一语义的不同表达形式之间的使用频率差异，并在教学中尽量强调高频结构。如果我们在教学中过于强调后宾式、中宾式和前宾式而忽略了"拿出一本书"之类的结构的教学，那同样会导致学生语言输出时出现偏误。

11. "拿来一本书"还是"拿一本书来"？

当事物宾语出现在含简单趋向补语"来/去"的结构中时，其所构成的趋向结构会有两种语序：后宾式和前宾式，如"拿来一本书、拿一本书来"。这两种结构表达的意义相同，但在使用上有一定的差别。

一、两种结构中的宾语长度

后宾式和前宾式中都可以容纳长宾语和短宾语，不过后宾式中出现长宾语的比例更高，前宾式中出现短宾语的比例更高。我们全面检索了北京语言大学BCC语料库文学类语料（非翻译语料）中"拿来"与宾语共现的结构，得到的数据参见表11-1。

表11-1　与"拿来"共现的宾语音节长度统计表

单位：例

结构	1~2音节	3~4音节	5音节及以上	共计
拿来NP	30	45	79	154
拿NP来	214	157	72	443

在后宾式中，5音节及以上的宾语占了相当高的比例；在前宾式中，1~2音节的宾语所占的比例最高。比如：

（1）前不久，教育局的人拿来一份表扬闻文如何扎根乡村的材料，还有连续三年被评为模范教师的证书，让教育站盖上公章，随后就将他的档案调走了。

（2）要是有丸子呀，给咱哥俩拿两个来。

这一点很容易解释：在后宾式中，由于宾语后没有其他成分，所以其长度不太受限；在前宾式中，由于宾语后还有趋向补语"来／去"，如果宾语过长，说话人就容易遗忘后边的"来／去"，听话人也不容易理解和记忆。这一点也可以用"重成分后置"这一原则来解释。

二、两种结构在祈使句中的使用情况

前宾式有很大的比例用于祈使句。在我们所统计的443例语料中，有177例用于祈使句。比如：

（3）拿信来，我看看。

此外，还有35例用于兼语句，表达派遣命令的意思。比如：

（4）木兰看见父亲的胡子上有一块血，她叫阿非去拿一条热毛巾来擦下去。

前宾式还有相当的比例用于意愿句。比如：

（5）你等着，我去拿件东西来。

无论是在上述祈使句、兼语句还是意愿句中，前宾式表达的都是未然的情况。如果要表达已然的情况，主要动词后一定要出现"了"。比如：

（6）连忙叫听差，拿了电话簿来。一查，果然袁经武家有电话……

后宾式基本不用于祈使句、兼语句和意愿句。在154例语料中，只发现了1例不典型的祈使句，1例表已然的兼语句。分别如下：

（7）你文化程度不符合要求，必须要补上来，我给你两年时间拿来电大文凭……

（8）叫茶房拿来开水，把饭冲了两过，而后又倒上开水，当作汤，极快极响地扒搂了一阵。

前宾式和后宾式的区别在下面两例中可以得到明确的说明：

（9）祖母说："拿秤来！"我们赶快拿来了秤。

（10）其中有一个人喘着气，对宝琛吩咐说："你去拿两把铁锹来。"宝琛拿来了铁锹交给他们……

这两例都是以前宾式表达祈使语气，以后宾式叙述后续行为。

三、两种结构的语篇特点

两种结构所在的语篇各有特点。后宾式多用于表顺承关系的上下文，文中常有"于是、接着、又、就"等表顺承义的关联词，或者可以补出此类关联词。比如：

（11）麦政委让他到石头房子里睡觉，他没有去。于是，麦政委给父亲拿来了自己的皮大衣让他盖上。

（12）进了那花垛口大院，那人放下水桶，就把他领到长工屋里。又给他拿来几个红饼子，提了一壶水。小嘎子饱饱地吃了一顿。

（13）蜡地板上，有我踩的几个脚印。灯光下，像初出茅庐的窃贼。妈妈拿来一块干净抹布，蹲在地上，把红木板拭得清凉如水。

由于上下文多有顺承关系，所以后宾式常用于描写一连串的动作行为，如例（13）的"拿来一块干净的抹布→蹲在地上→擦拭地板"。

前宾式则多用于表弱转折关系的上下文，文中常有"可是、却、没想到、只好"等表示转折的关联词。

（14）他还准备再吸一袋就走，陈柱子却拿了笤帚来扫地，把他地上放的鞋子扫了二尺多远。

（15）今天一早，才知道她昨晚不曾回校，她的几个熟人那里，也问过了，都没有。可是——九点光景，一位警察同志却拿了件衣服来，"这可怪了！"我摆出满脸的惊异表情。

（16）听差的要出去的时候，伊人又叫他回来，要他去拿了几张信纸信封和笔砚来。

例（14）和例（15）的上下文中都有"却、可是"等转折词，例（16）的上下文暗含转折义。

四、其他

在后宾式中，趋向补语"来/去"紧邻主要动词。由于受双音节化的影响，二者无论在语音上还是在语义上，结合都更为紧密，"来/去"在语义上更倾向于指向受事宾语。比如，例（12）的"那人拿来几个红饼子"，可以拆解成"那人拿红饼子＋红饼子来"。但在前宾式中，由于趋向补语"来/去"与主要动词被宾语隔开，二者无论在语音上还是在语义上，关系都松散得多。"来/去"在语义上可以指向受事宾语，同时也可以指向施事主语。比如，例（15）的"警察同志拿了件衣服来"，可以拆解为"警察同志拿着件衣服＋警察同志来"。这时，该结构更宜分析为连动结构，而不是趋向结构。而在"有人拿了钥匙来开门"这样后面带有其他动词的结构中，"来"在语音上与后面的动词结合得更为紧密。

第三部分　结构的意义

12. "跳下船"以后，人到底在不在船上？

一、"跳下船"以后，人在哪儿？

"跳下船"以后人在不在船上，讨论的是处所宾语"船"表示的是主体位移的起点还是终点的问题。我们看下面三个句子：

（1）我推开车门跳下车就喊："方兰，方兰！"

（2）然后又跳下河，扎进水里。

（3）大家跳下船。

在例（1）的"跳下车"中，"车"是位移的起点。在例（2）的"跳下河"中，"河"是位移的终点。但在例（3）的"跳下船"中，我们很难说清"船"是位移的起点还是终点。比如在"船上坐了好久，终于靠了岸，大家跳下船"中，"船"是位移的起点；在"大家跳下船，双喜拔前篙，阿发拔后篙……"中，"船"则是位移的终点。

总之，在"位移义动词＋'上'类趋向补语＋处所宾语"结构中，处所宾语既可以表示位移的起点，也可以表示位移的终点。所以，"跳下船"既可以指从岸上到船上，也可以指从船上到岸上。

二、不同结构中处所宾语的不同表现

任何一个位移事件，必然存在位移起点、位移终点和位移路径三个要素。因

而在"位移义动词+'上'类趋向补语+处所宾语"结构中,处所宾语除了可以表示位移的起点、终点外,还可以表示位移的路径。比如:

(4)刚一进去,眼前漆黑一片,招弟紧紧抓住瑞全的手。他俩慢慢<u>走下台阶</u>,走进一个小小的山洞,里面有一张方方的石桌,四个小石头凳子。

在例(4)中,位移主体"他俩"通过"台阶"由洞外进入山洞。其中,洞外是位移的起点,洞内是位移的终点,而"台阶"则是位移的路径。

既然处所宾语可以表示位移的起点、终点和路径,那这三种情况出现的频率是否一样呢?我们对此进行了考察,统计了六类"位移义动词+'上'类趋向补语+处所宾语"结构中处所宾语的语义类型。具体的考察结果参见表12-1。

表12-1 "位移义动词+'上'类趋向补语+处所宾语"结构中处所宾语的语义类型统计表[①]

单位:例

趋向结构	位移起点	位移终点	位移路径	共计
V+上+O_L	0	123	2	125[②]
V+下+O_L	38	4	7	49
V+进+O_L	0	89	11	100
V+出+O_L	67	0	33	100
V+过+O_L	0	0	100	100
V+回+O_L	0	100	0	100

由表12-1可见,在六类趋向结构中,"上、过、回"三类相对简单,处所宾语或只表示位移的终点,或只表示位移的路径;而"下、进、出"三类则相对复杂,特别是"下"类,三种情况均有出现。虽然如此,"下、进、出"三类趋向结构中处所宾语的三种语义类型也不是均衡出现的,而是存在一种优势情况。比如:在"下、出"类趋向结构中,处所宾语倾向于表示位移的起点;在"进"类趋向结构中,处所宾语则更倾向于表示位移的终点。分别如下:

[①] 表中的"O_L"指处所宾语。
[②] 由于"进、出、过、回"四类趋向结构用例较多,我们在检索到的语料中抽取了100例进行统计。"上"类趋向结构在同样的语料范围内检索到了125例,"下"类趋向结构只检索到了49例,这两类就以此为基础进行统计。

（5）我忙跳下床，高兴地迎上去。

（6）她和爸慢慢地走下山，走出大树林子。

（7）走进自个儿的屋子，他舒展开身子，长叹一口气，马上睡着了。

在例（5）和例（6）中，"跳下床、走出大树林子"中的处所宾语都表示位移的起点；在例（7）中，"走进自个儿的屋子"中的处所宾语则表示位移的终点。

三、处所宾语为什么有不同的表现？

不同的趋向结构中处所宾语倾向于表示位移的起点、终点还是路径，与趋向动词的语义特征有关。比如，"进"表达的语义是"位移至一个封闭的空间"，"出"表达的语义是"离开一个封闭的空间"。对于"进"来说，这个"封闭的空间"是位移的终点；对于"出"来说，这个"封闭的空间"是位移的起点。"进"的终点比起点重要，"出"则相反。比如"屋子"作为处所宾语时，在"进"类趋向结构中它通常表示位移的终点，在"出"类趋向结构中它通常表示位移的起点。这可以解释为什么每一种趋向结构都有一个优势表达。同样，在语义上，"回"的终点比起点重要，"过"的路径比起点和终点都重要。

对"进、出"类趋向结构来说，处所宾语除了表示位移的终点和起点外，还可以表示位移路径上的某个点，准确来说是封闭空间的入口。比如：

（8）瑞宣独自愣了一会儿，也慢慢地走进家门。

（9）他俩迈着快步，走出了门。

这一点也比较容易理解。"过门口"是标志"进"或"出"这类位移事件实现的标记，所以即便处所宾语不表示位移的终点或起点，也依然不影响位移事件的表达。

比较有意思的是"上、下"这组趋向结构，二者看起来应该是完全对称的，但实际上它们的处所宾语表现出很大的差异性："上"类趋向结构中的处所宾语一般只表示位移的终点，而"下"类趋向结构中的处所宾语则可以表示位移的起点、终点和路径。这应该与二者语义变化不同步有关。具体来说，"下"类趋向结构由于使用频率低（在相同的语料范围内，"上、下"类趋向结构的出现频次比为125∶49），语法化程度比较弱，因而具有较强的趋向意义；而"上"类趋向结构语法化程度较高，趋向意义已经弱化，倾向于抽象表达某位移事件的完成和实现，所以其处所宾语基本上都表示位移的终点，如例（10）。这也是"上"类趋向结构发展出了表"实现"的结果义（如"住上了高楼、喝上了自来水"）的原因和基础。

（10）我们最后握了握手，互相笑笑，他就<u>坐上车</u>走了。

四、如何判断"位移义动词＋'上'类趋向补语＋处所宾语"的处所因素？

要判断趋向结构中的处所宾语表示的是位移的起点还是终点，我们可以先考察一下处所宾语的语义。比如"河"相对于河岸，其位置是低的，所以"跳下河"中的"河"应该是位移的终点。也就是说，起点成分表示施事或客体开始所在的位置是相对较高的，施事离开处所或其边缘向下运动；终点成分表示施事或客体开始所在的位置是相对较低的，施事向上运动并已接触处所或其边缘。比如：

（11）黎满庚晓得事关重大，立即纵身<u>跳下戏台</u>，奔往小学校去了。

（12）忽然心头一动，萌生了<u>跳下池塘</u>去死的强烈欲望……

（13）悬崖离宝山只有一箭步之遥，如果纵身一跃，可能跳上宝山，也可能<u>跌下深渊</u>。

在上面三例中，"戏台"位置相对较高，是位移的起点；"池塘"和"深渊"位置相对较低，是位移的终点。

另外，根据邱广君（1997）的研究，我们可以通过变换句式和具体语境确定处所宾语的语义类型。变换句式的方法如下：

a. V下O_L → 从O_L上V下

b. V下O_L → V到O_L上／里

只能进行a变换的，处所宾语表示的是位移的起点；只能进行b变换的，处所宾语表示的是位移的终点。例（11）的"跳下戏台"可以进行a变换，即变换为"从戏台上跳下（来）"，所以"戏台"是动作的起点。例（12）和例（13）的

"跳下池塘、跌下深渊"可以进行b变换，即分别变换为"跳到池塘里、跌到深渊里"，所以"池塘、深渊"是动作的终点。

我们将"跳下船"进行上述变换后可以发现，"跳下船"既可以进行a变换（如变换为"从船上跳下"），也可以进行b变换（如变换为"跳到船上"）。进行a变换时，船的位置比较高，可能是从船上跳到地上或水里，"跳下船"以后，人不在船上；进行b变换时，船的位置比较低，可能是从什么高的地方跳到船上，"跳下船"以后，人在船上。具体指哪一种，我们还需将"跳下船"置于具体语境中进行考察，如前文我们对例（3）所做的语境分析。

13. "走出去""扔出去"和"拿出去"，到底谁出去了？[①]

一、"走出去""扔出去"和"拿出去"，是谁出去了？

在现代汉语中，"走出去""扔出去"和"拿出去"形式相同，都是"动词＋复合趋向补语"，但它们表达的意义却有差异。其中，"走出去"表达的是主体通过自身的移动，实现"出去"的结果；"扔出去"表达的是通过"扔"的动作，实现使某物"出去"的结果；"拿出去"表达的则是通过主体的某种行为，实现使某物"出去"的结果，同时主体也发生了"出去"的位移。比如：

（1）他披上一件衣服，换上布鞋，悄悄一个人<u>走出去</u>了。

（2）平时我们扔石头都能<u>扔出去</u>，为什么手榴弹有的同志就不敢扔呢？

（3）被子上有一股阳光的味道，一定是荷花<u>拿出去</u>晒了。

在例（1）中，"他"以走的方式出去了；在例（2）中，"我们"扔石头，

[①] 本问主要参考：

刘月华主编（1998）《趋向补语通释》，北京：北京语言文化大学出版社。

曾传禄（2009）汉语位移事件与句法表达，《集美大学学报（哲学社会科学版）》第1期。

曾传禄（2010）汉语位移事件的语言表达，载上海师范大学《对外汉语研究》编委会编《对外汉语研究（第六期）》，北京：商务印书馆。

石头出去了，"我们"还在原处；在例（3）中，"荷花"拿被子，"荷花"和被子一起出去了。

这种意义上的不同反映的是自移事件和致移事件的差异。所谓自移事件，是指位移主体是施动者，位移动力来源于位移主体本身，如例（1）的"走出去"；所谓致移事件，是指位移主体是受动者，位移动力来源于施动者或致使者，如例（2）的"扔出去"和例（3）的"拿出去"。

二、自移事件的表达

自移事件的位移主体通常来说具有[＋有生]的特征，如例（1）中的位移主体就是人，但也不一定。[－有生]的情况如下例，位移主体"鹅毛"是无生的。

（4）水面上几片鹅毛飘飘悠悠地流过来。

在表达自移事件的"动词＋复合趋向补语"结构中，动词与复合趋向补语的语义关系并不完全一样。动词可以表示位移的方式，也可以表示位移的原因或目的。前者比如：

（5）有几个家伙红肿着眼睛，像群刚从泥巴里滚出来，并且还将滚回去的羔羊。

（6）用脚一蹬，里边的大坷垃就骨碌骨碌地滚出来。

在例（5）和例（6）的"滚出来"中，"滚"是"出来"的方式。其中，例（5）的位移主体是有生的"羔羊"，例（6）的位移主体是无生的"大坷垃"。

除了"走、滚"外，可以表达位移方式的动词还有"跑、窜、跳、爬"等。

在"动词＋复合趋向补语"结构中，动词表示位移的原因或目的的如：

（7）（客人来到，）我们迎出去。

（8）母亲说着出门，我追出去……

例（7）和例（8）的"迎、追"是"出去"的原因，也可以理解为目的。类似的动词还有"溜、躲、逃"等。

在"动词＋复合趋向补语"结构中，表位移方式的动词远远多于表位移原因或目的的动词。区分这两类语义关系，我们通过简单的变换就可以实现：动词表位移方式的结构，大多可以变换为"动词＋'着'＋复合趋向动词"；动词表位移原因或目的的结构，大多可以变换为"复合趋向动词+动词"。比如：

（9）a. 跑出去　　　　　→　　　跑着出去

　　 b. 爬出去　　　　　→　　　爬着出去

（10）a. 迎出去　　　　　→　　　出去迎

　　　b. 追出去　　　　　→　　　出去追

三、致移事件的表达

致移事件的施动者和位移主体是分离的，施动者和位移主体之间存在"致使"的语义关系。比如：

（11）听到母亲的脚步声朝自己房间过来，她马上把香烟<u>扔出去</u>，倒在床上，假装在看书。

在例（11）中，"她"作为施动者对香烟施加"扔"的动作以后，香烟从房间内位移到了房间外。香烟出去之后，人仍在房间内。

不过，在致移事件中，施动者和位移主体之间也可以是另外一种关系。比如：

（12）玉和也不说什么，将脸盆<u>拿出去</u>，舀了一盆水来，湿着手巾，拧了一把，两手交给桂英。

在例（12）中，"玉和"作为施动者对脸盆施加影响，脸盆从房间内位移到了房间外。脸盆出去之后，人也出去了。

例（11）和例（12）的这种语义差别与动词有关："扔"意为"挥动手臂，使拿着的东西离开手"，施动者通过"扔"的动作使受动者的位置发生改变，"扔"这一动作本身就具有方向性语义特征，蕴含着位移动程，可以使受影响的物体发生位移；"拿"意为"用手或用其他方式抓住东西"，这一动作本身就不具有方向性语义特征，不能使受影响的物体发生位移，不能单独表达位移事件。

与"扔"类似的动词还有"递、踢、倒（dǎo）、吐、吹、卖、租、借、扔、说"等，与"拿"类似的动词还有"带、搬、掇、运"等。由"拿"类动词构成的"动词+复合趋向补语"结构，可以变换为"动词+着+宾语+复合趋向动词"，但是由"扔"类动词构成的"动词+复合趋向补语"结构不可以做这样的变换。比如：

(13) a. 将脸盆拿出去 → 拿着脸盆出去
     b. 你把他带出去 → 你带着他出去
(14) a. 把香烟扔出去 → *扔着香烟出去
     b. 把车卖出去   → *卖着车出去

当然，并不是在所有的情况下，"拿出去"都表示施动者和位移主体同时发生位移。对比下面两个例子：

(15) a. 把落叶从花盆里拿出去。
     b. 把花盆从屋里拿出去。

在例（15a）中，施动者没有发生位移；在例（15b）中，施动者发生了位移。这就与位移主体的大小及位移路线的长短等因素有关了。

14. "跳起来"一定表达位移义吗？

一、"跳起来"可以表达什么意义？

"跳起来"不一定表达由下而上的位移义，其语义取决于上下文语境中动作主体是否做出由下而上的动作。比如例（1）和例（2）中的"跳起来"都表达位移义，因为基于上下文语境提供的信息，我们可以判断出动作主体是通过由下而上的动作离开沙发或矮椅子的。

(1) 康炳琦从沙发上跳起来，过去开门。
(2) 沈若鱼想简方宁听了这话，一定得从矮椅子上跳起来，埋怨她忙上添乱。

表达由下而上位移义的"跳起来"前常有表示空间起点的介词词组，如上两例中的"从沙发上、从矮椅子上"。

在下面的例子中，基于上下文语境，我们可以判断出动作主体没有发生从下向上的移动。其中的"跳起来"表达状态义，即"跳"这一动作开始并持续。

（3）咱们大家一起，跳起来，注意节奏。

（4）哈哈……唱起来，跳起来，哈哈！

（5）不知发生了什么，我的眼皮突然跳了起来。

此外，"跳起来"也可以表达主观评价义。比如在下面的句子中，"跳起来"表达对跳舞姿势的评价。

（6）他个子高，跳起来好看。

以上三种语义中，位移义是最常见的，主观评价义的出现频率最低。

二、"V起来"可以表达几种意义？

齐沪扬、曾传禄（2009）把"V起来"所表达的意义分为位移义、结果义、时体义（即我们所说的状态义）和情态义（即我们所说的主观评价义）四种，这四种意义的区分有时比较清楚，有时则有所交叉和纠缠。有的"V起来"既可以表达位移义，也可以表达时体义。比如在"他受惊地从床上跳起来"中，"跳起来"表达位移义；而在"他的心立刻怦怦跳起来"中，"跳起来"则表达时体义。有的"V起来"既可以表达结果义，也可以表达时体义。比如在"那个故意捣乱的家伙被捆起来了"中，"捆起来"表达结果义；而在"几个彪形大汉将选手们翻倒，骑在身上左一道右一道地捆起来"中，"捆起来"表达时体义。有的"V起来"既可以表达时体义，也可以表达情态义。比如在"他走进剧场找了空位坐下，全神贯注地看起来"中，"看起来"表达时体义；而在"看起来完全不像个中医"中，"看起来"表达情态义。有的"V起来"既可以表达位移义、结果义，也可以表达时体义。比如在"马青硬把刘美萍从座位上拉起来"中，"拉起来"表达位移义；在"绳子的两头拉起来拴在了木桩上"中，"拉起来"表达结果义；而在"他拉上了个买卖，把车拉起来，他才晓得天气的厉害已经到了不允许任何人工作的程度"中，"拉起来"表达时体义。"V起来"究竟表达什么意义，一般需要根据上下文语境确定。

三、不同意义的"起来"前的动词一样吗？

虽然"V起来"表达的几种意义有所交叉和纠缠，但大部分情况下，在表示不同意义时,"起来"前的动词会表现出不同的语义特点。

1. 位移义

"起来"前的动词可以是表达肢体动作的动词。该类动词表示身体或身体局部由低到高的体位变化,如"跳、坐、站、爬、蹦"等;或者通过外力,使物体产生由低到高的位移,如"抬、举、拉、提、拾、挂、端"等。比如:

(7)我们把床垫从地上<u>抬起来</u>,放在床板上。

(8)把手<u>举起来</u>!

除了表达由下向上的位移,"起来"还可以表达由显到隐、由分散到集中的意义(李敏,2005)。这时,"起来"前的动词可以含有隐存义("隐藏"和"收存")和聚拢义,如"关、盖、躲、藏、存、装、埋、收、包"和"团结、合、综合、集中、统一、组织"等。比如:

(9)他惹了祸,吓得<u>躲起来</u>了。

(10)今天上午我们就不营业了,<u>集中起来</u>开个会。

2. 状态义

表达状态义时,"起来"前的动词通常不含位移义,不过其语义范围非常广,只要所表示的动作具有可持续性,都可以与"起来"组合,如"干、唱、打、写、看、说、洗"等。比如:

(11)最初是一个人在哼唱,接着是两个、三个、十个……二十个……全车一起<u>唱起来</u>。

(12)"太太,我自个儿洗。"致庸一边推让,一边自个儿急急忙忙地<u>洗起来</u>。

3. 主观评价义

表达主观评价义时,"起来"前的动词范围也是非常广的,表示可持续性动作的动词用于"起来"前,结合一定的上下文语境,都可以表达主观评价义,不过最常见的还是"看、说、听、吃、闻"这些感官动词。由这些感官动词构成的"V起来"结构大多已经规约化,可以作为语块进行整体教学。比如:

(13)哎呀!<u>看起来</u>我还真有点儿当老师的天才……

(14)<u>说起来</u>,她当年也是有名的江南才女啊,那真的琴棋书画无所不通。

对"起来"不同意义的教学,我们可以采用与不同语义类型的动词搭配并讲解的方式进行；或者同样的动词，我们给出不同的上下文语境，让学生自己去体会其中的语义差异。

15. "说起这件事来"，这里的"起来"是什么意思？

"说起这件事来"有两种不同的意思。请看下面两例：

（1）她<u>说起这件事来</u>清楚明白、头头是道，好像是她自己亲身经历的。

（2）<u>说起这件事来</u>，其实大家都心知肚明，不过没有人挑破。

例（1）中的"说起这件事来"可以替换为"说这件事的时候"，例（2）中的"说起这件事来"可以替换为"关于这件事"。这两种意义大致都可以归为"起来"的情态义，或者说主观评价义这个大类。

在上一问中我们提到，"起来"可以表达诸多意义，除了最常见的位移义、结果义、状态义外，还可以表达主观评价义。这几种意义分别如下例所示：

（3）陈玉英想起了什么似的，看看表，从沙发上<u>跳起来</u>。

（4）据说把莫高窟的壁画<u>连起来</u>，整整长达六十华里。

（5）大家把工具在手上舞弄着，恨不能马上到山上<u>干起来</u>。

（6）<u>干起来</u>吧，才知道难。

例（3）中的"跳起来"表达由下向上的位移义；例（4）中的"连起来"表达物体之间连接的结果义；例（5）中的"干起来"表达动作开始并继续的状态义；例（6）中的"干起来"则表达主观评价义，后文"才知道难"是对"干"这件事的评论。

"V起来"表达主观评价义时，其动词范围比较广，但最常见的是"看、说、听、吃、闻"这些感官动词。这些动词和"起来"已经发生了词汇化演变，成为一个语块。同样是表达主观评价义，"V起来"也有不同的类型和表现。

一、不带宾语的"V起来"

有时候"V起来"中的动词意义比较实在，"V起来"后边的成分是对所谈

论的话题从某一角度进行的具体评论。这时,"V起来"大概相当于"V的时候感觉……"。比如:

(7)<u>看起来</u>就这么好,<u>吃起来</u>还不定有多好呢!

(8)臭豆腐<u>闻起来</u>臭,<u>吃起来</u>香。

(9)这件事<u>说起来</u>容易<u>做起来</u>难。

(10)那些话<u>听起来</u>就像刀子一样往心里扎。

(11)纪恒全的声音<u>听起来</u>发紧,好像在努力地憋着嗓子眼儿里的笑。

(12)熊<u>看起来</u>很笨重,发起攻击的时候速度是非常快的。

上述六个例句可以分为两类:前三个均为对举句,其中的感官动词意义比较实在。比如例(8),我们可以把句子变换为"臭豆腐闻的时候感觉很臭,吃的时候感觉很香"。而在后三个例句中,感官动词的意义虽然仍有保留,但由于缺少其他角度的对比,其感官意义已经有所虚化,句中的"V起来"可以替换为"V的时候感觉……",也可以直接替换为"感觉……"。比如例(11),我们可以把句子变换为"纪恒全的声音听的时候感觉发紧……",直接变换为"纪恒全的声音感觉发紧……"也完全没有问题。

有时候"V起来"中的动词意义比较虚,"V起来"后边的成分是对所谈论的话题进行的主观评论。这种评论往往使人感到意外、与预期有所差距,或者带有一些转折性、对比性的内容。比如:

(13)哎呀!<u>看起来</u>我还真有点儿当老师的天才……

(14)(曹家与康熙关系甜蜜)那么曹家和太子的关系怎么样呢?也非常好。不过太子跟曹家的关系,<u>说起来</u>就没有这么多温馨的色彩了,就比较粗鄙。

例(13)中的"我"是生意人,却对自己的教学能力进行了肯定性的评论,说话时还带有沾沾自喜的得意之色。该评论内容无论对听话人还是说话人自己来说,都是让人感觉意外的。例(14)对话题"太子跟曹家的关系"的评论是"没有这么多温馨的色彩",这一评论内容与前文曹家与康熙关系甜蜜形成了对比。

这里的"V起来"意义较为虚化,如果将其省略,也不会影响句义。这时候,"V起来"已经变成了一个主观评价标记。

二、带宾语的"V起N来"

带宾语时,"来"可以省略,结构变为"V起N"。

与不带宾语的情况类似,有时候"V起N(来)"中的动词意义比较实在,"V起N(来)"后边的成分是对所谈论的话题从某一角度进行的具体评论。这时,"V起N(来)"大概相当于"VN时候的感觉……"。比如:

(15)看起书来,像戏台上关公看《左传》一般要把书放得远远的。

(16)秀莲问爸爸,琴珠说起脏话来,怎么跟妈一个样。

(17)他语文课上经常打瞌睡,写起作文来仿佛骆驼被逼着穿过针眼。

上几例中的"看起书来、说起脏话来、写起作文来"大致相当于"看书时候的感觉、说脏话时候的感觉、写作文时候的感觉"。

由于"V起来"表达主观评价义时有词汇化的倾向,所以带宾语时我们可以说"V起N来",也可以说"V起来N"。上几例中的"看起书来、说起脏话来、写起作文来"也可以说成"看起来书、说起来脏话、写起来作文"。

当"V起N(来)"中的"V"是"说"的时候,在有些情况下,"说"的意义非常虚,"说起N(来)"大致相当于"说到N这个话题"。这时的"说起来"已经成为一个话题标记,后边的成分则是对"N"这个话题进行的主观评论。这种评论也往往使人感到意外、与预期有所差距,或者带有一些转折性、对比性的内容。比如:

(18)可是说起名分来,我不过是个老妈子。一出这大门,谁不笑我哇!

(19)说起这天下的穷人哪,其实咱身边就有。

(20)我也劝过他几次。不过他总说他忙一点心里倒舒服。其实说起病来他又没有什么大病,就是精神差一点。

在例(18)中,说话人在家里尽着妻子的义务,但其实没有妻子的名分;在例(19)中,对方认为处于和平年代的中国已经没有了穷人,说话人予以了反驳;在例(20)中,对方认为"他"身体不好,但说话人认为"他"没有大病。这三例中的"说起N(来)"都可以替换为"说到N这个话题",或者都可以用其他话题标记来替换,如"N呢/吧/嘛、谈到N、如果说N"等。因为评论的内容常常具有意外性、转折性，所以句子中常常出现"可是、其实"等转折词。

在教学中，我们不必将表达主观评价义的"起来"交代得过于清楚；但作为汉语教师，我们还是要明确"说起这件事来"所蕴含的几层意思。

16. "走上前"和"走上台"中的"上"意思一样吗？

"走上前"看起来与"走上台"结构相同，不同的只是"台"表示处所，"前"表示方位，两个结构都表示趋近某处的位移。但其实两个结构中的"上"意思并不一样："走上台"中的"上"表达由低处向高处的位移；而"走上前"中的"上"按照刘月华（1998）的说法，表达引申义，即趋近面前的目标。

一、不是由下而上，"走上前"为什么要用"上"？

我们在教学中如何向学生解释这样一个问题："走上前"的位移没有发生高度上的变化，为什么要用"上"？我们先看下面的例句：

（1）街上的人渐渐向徐家大门围拢。"来了！来了！"几个仆人一齐向志摩小曼施礼，"少爷少奶，路上辛苦！"家麟驼着背，抹着眼泪，<u>走上前来</u>。"少爷少奶奶好！少爷怎么不说个时间，我们好到车站去接呀。"

（2）我正奇怪这树上的槐豆怎么掉落得这般多时，从树干后闪出一个人来，他举着顶端带拉钩的大竹竿，专心地绞着树上的槐豆。啊，这不是石大爷吗？我<u>走上前去</u>，叫了一声。

（3）（长栓和茂才在争执）致庸对茂才发生了兴趣，撇下雪瑛<u>走上前</u>，定睛一看，终于认出了是茂才。

从上述例句中可以看出，由于发生了一件受人关注的事，或者某一个细节吸引了主体的注意，所以位移主体产生了"走上前"的位移。比如例（1），离家已久的少爷带着新少奶奶回来了，家中老仆"走上前来"迎接；例（2）中的"我"忽然发现了久寻不着的石大爷，于是"我"才"走上前去"；在例（3）中，茂才的奇谈怪论吸引了致庸的注意，所以他才"走上前"去看。可见，在这些句子中，受关注事件的发生地就是"走上前"的目标地。

受关注的虽然未必是空间上的高处，但在人们的认知中，它是心理上的高地。这可以解释为什么趋近目标地要用"上"。不过需要注意的是，"走上前"的"上"已经发生了虚化，它可以被认为是到达目标地的一种介词性标记。"走上台"的"上"仍然有实际意义，二者已经不一样了。"走上前"的"前"与其理解为"前面"，不如理解为"目标地"。

二、"走上前（去）"与"走过去"

从概念意义上说，"走上前（去）"基本上相当于"走过去"，如例（2）和例（3）中的"走上前（去）"都可以替换为"走过去"而不太影响句义。但在下面的例句中，"走过去"如果被替换成"走上前（去）"就不太容易被接受了。

（4）忽然单元门的门铃叮咚响。他不加思考地<u>走过去</u>开门。门外是一个陌生人。

（5）（文物架）最下层蛰着一枚巨型彩蛋，足有小号暖水瓶那么高。于是小髻很想<u>走过去</u>摸一摸——它真是一枚鸟蛋，还是白石头雕成的？

这反映了两个结构用法上的差异："走上前（去）"常作为句子的谓语成分出现，是对行为主体主要动作行为的描写；"走过去"多作为连动句的第一个动词性结构出现，其语法地位弱于后面的动词性结构，语法地位降级了。"走上前（去）"常常是一连串事件中的重要一环，位移至某场所是行为主体的重要目标；而"走过去"多是为后面的行为提供场所信息，位移至某场所的目的是完成后面的动作。对比下面的两例：

（6）说完，他把信掏了出来，小伙子斜仰着坐在躺椅上一动也不动，年龄大概有小伙子的两倍的陈果只好<u>走过去</u>把边远地区领导同志的亲笔信送了过去。

（7）他摆出不在意的样子站了起来，<u>走上前去</u>，指着靠门的一张长板凳说："请里面坐。"

三、"上哪儿"与"去哪儿"

"上哪儿"与"去哪儿"可以表达一样的概念，但在用法上同样存在差异。

两个结构的具体差异是什么，是我们在汉语教学中经常要解答的问题。

首先在语体上，"上哪儿"更加口语化，"去哪儿"则是口语和书面语中均可使用的。我们的教材中以及教师在课堂教学中一般都会把"去哪儿"教给学生。

其次，"上哪儿"经常用在连动句的第一个动词性结构位置上，"去哪儿"则常常单用。比如下面的例句：

（8）大伯？您好！雨林去哪儿了？

（9）咱们去哪儿？是送您回家，还是去机关大楼？

（10）上哪儿玩儿去？吃饭也不知道回家！

（11）你上哪儿遛马去啦？

例（8）和例（9）是询问位移的目的地，"去哪儿"单独使用，在句中做谓语。例（10）和例（11）的"上哪儿"出现在连动句中，都可以替换为"到哪儿"，用来询问后面行为发生的场所。后两例中的"上"在口语中通常可以省略，变为"哪儿玩儿去？""你哪儿遛马去啦？"。我们日常打招呼时常说的"上哪儿去？"也可以省略为"哪儿去？"，就是因为"上哪儿"只是提供某事发生的场所信息，其中的动词"上"已经弱化到可以省略了。

汉语作为第二语言语法教学界非常重视分语体语法的教学，这是应该的，也是必须的；不过，分语体语法教学的实现并不容易。这一问讨论的"走上前（去）"是专用于叙述体的结构，"上哪儿"和"去哪儿"也各有语体分工，但对每一对语体相对的结构来说，其功能分工不是一刀切的，需要我们对其进行细致的研究和分析，而这项工作是艰巨的。

17. "住上了楼房、喝上了自来水"中的"上"是什么意思？

在没有语境的情况下，我们很难说清"住上了楼房、喝上了自来水"这种结构是在表达居住生活条件的改善还是改变。或者说，"上"很难被确定为表示结果还是状态。要搞清楚这个问题，我们先来看一下"上"可以表达什么意思。

一、"V上"可以表达什么意思？

目前学界比较认同刘月华在《趋向补语通释》一书中对趋向补语的意义所做的分类，即"上"可表达趋向义、结果义和状态义。在这三种意义中，趋向义是基本意义，也是比较容易确定的意义，因为与"上"结合的动词大多是与具体的躯体动作有关的，如"走、跳、爬、登"。"V上"后的宾语均为表示位移终点的处所词。比如：

（1）蔺相如不慌不忙地走上殿去，向秦昭襄王行了礼。

（2）中国运动员分别于1960年和1975年登上了珠峰。

"上"的结果义分为两种。第一种是表示接触以至固定在某一处所或状态，这时"上"前的动词通常具有"接触"或"附着"的意思，如"扣、系、穿、贴、别（bié）、捆、绑、写、关、溅、盖"。比如：

（3）他把那帽子扣上之后拿簪子别上。

（4）把门窗关上。

例（3）中"扣、别"的结果是"帽子"与"头"接触，"簪子"与"帽子"固定在了一起；例（4）中"关"的结果是"门窗"闭合了。

第二种是表示达到目标或实现较难实现的愿望。比如：

（5）我弟弟去年好不容易考上了大学。

（6）他终于买上了他喜欢的汽车。

这两例中"考"和"买"的结果是"考上大学"和"买上汽车"，都表示实现了预期的目标。

"上"的状态义，也可以说起始时体义，表示新状态、新行为的开始。比如：

（7）刚才还吓得要死要活的呢，这么会儿，就美上了你。

（8）春喜好开会，常常在大食堂吃着饭就和大家开上会了。

例（7）的"美上了"是"刚才还吓得要死要活的"这一状态的改变，表示开始"美"；例（8）的"开上会"表示开始开会。

在很多情况下，"V上"表示的是第二种结果义还是状态义，是很容易区分的，但有时候也很难说清。比如：

（9）他们都住上了楼房。

对于这个句子，我们可以理解为"他们"以前居住条件不好，经过很多努力，终于实现了梦想，住进了楼房，这时候"上"就是第二种结果义；也可以理解为以前大家都住平房，现在人口密度大，楼房越来越多，所以大家都开始住楼房了，这时候"上"就是状态义。

二、如何区分结果义和状态义？

那么结果义和状态义如何区分呢？我们从以下几个方面进行对比。

1. 动词的性质

在表达结果义的时候，"上"前的动词多表示瞬时完成的动作或行为，比如"买、考（大学）、当、评、选"等；而在表达状态义的时候，"上"前的动词常常表示具有延续性的动作行为。比如：

（10）他评上了三好学生。

（11）外边下上雨了！

例（10）的"评三好学生"是在很短的时间内完成的，"评上"表达的是结果义；例（11）的"下雨"是一个持续的过程，"下上雨"表达的是状态义，表示开始下雨。

另外，当表达状态义的时候，"上"前还可以是形容词性成分。比如：

（12）你看你刚下火车怎么就忙上了？

2. 事件的难度

如果"动词（+宾语）"所表达的事件具有较高的难度，需要主体做出努力才能完成，这时的"上"往往表达结果义；反之，则表达状态义。比较：

（13）你怎么又抽上烟了？

（14）你都抽上中华烟了？

例（13）中的"抽烟"是没有难度的，"抽上烟"表示开始抽烟，表达状态义；例（14）中的"中华烟"很贵，能抽"中华烟"是有难度的事，所以"抽上中华烟"表达结果义。

3. 否定评价性

表达结果义和状态义的"V上"都常用于口语；不过，在表达状态义的时候，"V上"常常带有一种否定性的评价义。比如例（13）含有说话人认为对方不应该抽烟的意思，例（12）也含有说话人认为对方不应该下了火车就开始忙的意思。

前面我们说到，当表达状态义的时候，"上"前动词常带有贬义，表示一种否定性的评价。比如：

（15）你看你看，我全心为你，你在这还气急败坏上了！

（16）我亲爱的妈，您还真折腾上了。

上面两例中的"气急败坏、折腾"都是对对方行为的一种负面评价。

三、结果义和状态义的交叉

表达结果义和状态义的"上"虽然具有上述三方面的对立性差异，但仍存在交叉现象。比如我们标题处提到的"住上了楼房、喝上了自来水"中的"上"，既可以理解为结果义，也可以理解为状态义。这是因为"住楼房、喝自来水"并不是对所有人来说都是轻而易举的，它对一部分人来说是有难度的，这点与结果义相契合；同时，"住"和"喝"都是可延续的动作行为，这点又与状态义相契合。所以，"住上了楼房、喝上了自来水"就具有了两种理解的可能。

至于为什么"V上"会存在两解的情况，这与该结构的语义演变是相关的。根据文献中较为一致的结论和我们的观察，"V上"的状态义（起始义）是从结果义虚化而来的。就现代汉语的情况来说，"V上"从结果义向状态义虚化的过程还没有彻底完成，其证据有二：一是"V上"表示起始义的使用范围有限，使用频率也不高；二是起始义与结果义两解的情况大量存在。至于"V上"的状态义虚化什么时候能够彻底完成，我们只能交给时间来回答。

第四部分　意义的表达

18. 什么是参照位置？"来、去"如何表达位移的主观参照？[①]

自然界中的任何物体，都会在空间上占有一定的位置。物体在空间上所占据的位置除了由物体本身占据的这一个"点"表示外，还取决于参照位置的确立。这是因为无论是相对静止的物体，还是相对运动的物体，它们的位置都取决于物体本身和另一个参照物体的位置关系。这个参照物体所处的位置就是参照位置。

一、静态参照位置和动态参照位置

参照位置可分为静态参照位置和动态参照位置。静态参照位置主要指存现句所表达的某一物体相对于参照物体的位置。因为二者相对静止，我们把这个参照位置称为"静态参照位置"。静态参照位置通常用方位词进行表达，比如：

（1）<u>桌子上</u>放着一本书。

（2）<u>山脚下</u>有一条新修的公路。

上面两例中的"桌子上"和"山脚下"是"一本书"和"一条新修的公路"的静态参照位置。

动态参照位置指在表达位移意义的句子中，位移物体相对于某一参照物体的

---

① 本问主要参考：

齐沪扬（1996）空间位移中主观参照"来/去"的语用含义，《世界汉语教学》第4期。

相对位置。因为二者的位置关系处于动态变化中,所以我们称之为"动态参照位置"。比如:

(3)从树上飘下几片枯叶。

(4)楼前开来了一辆车。

上面两例中的"树上"和"楼前"是"几片枯叶"和"一辆车"的动态参照位置。

二、显性参照位置与隐性参照位置

在句子中,动态参照位置的表达可以是显性的,也可以是隐性的。所谓显性参照位置,是指句子中专门有一个处所词加以指示;所谓隐性参照位置,则是指句子中没有一个专门的处所词加以指示,这种参照位置是以共同认知的方式存在于说话人和听话人的意识中。比如:

(5)从树上飘下几片枯叶。

(6)几片枯叶飘下来。

(7)从树上飘下来几片枯叶。

在例(5)和例(7)中,"树上"是显性参照位置,"几片枯叶飘下"的位移是以"树上"为参照的。例(6)中没有显性参照位置,"几片枯叶"是向着说话人说话时所在的位置做近向移动,这个"说话人说话时所在的位置"就是隐性参照位置。这一隐性参照位置是用"来"表达的。例(7)同时存在两个参照位置,一个是显性的"树上",一个是隐性的,用"来"表达。

除了有"静态—动态、显性—隐性"的分类外,我们还可以把参照位置分为"客观—主观"两种。所谓客观参照位置,是指参照物体是客观存在的;所谓主观参照位置,是指参照物体与说话人所在的位置有关,这种参照位置存在于说话人和听话人的意识中,具有主观性。

静态参照位置都是客观的;动态参照位置可以是客观的,也可以是主观的。比如例(1)和例(2)中的静态参照位置"桌子上、山脚下"都是客观的,例(5)中的动态参照位置"树上"是客观的,而例(6)中的动态参照位置是说话人说话时所处的位置,是主观的。汉语中的主观参照位置是通过"来"或"去"

表达的。

"来、去"这种主观参照的表达是汉语特有的，其他语言中很少有对应的表达成分；再加上"来、去"在使用中又有细微的差别，比如我们打电话时既可以说"你别来了，我去你家"，也可以说"你别来了，我来你家"。所以，对汉语学习者来说，趋向动词"来、去"是一个难点。

三、"来、去"对主观参照的表达

我们按照齐沪扬（1996）的方法，把"来、去"的主观参照意义进行了如下归纳：

1. 实在位置和虚拟位置

这一分类根据的是位移物体与说话人的不同关系。所谓实在位置，是指句中发生空间位移的物体与说话人之间存在着事实上的倚变关系。比如：

（8）你过去吧！

（9）从朋友那儿拿来一本书。

这时，"来、去"表示空间中某一物体向着说话人所处位置的方向做近向或远向的移动。

所谓虚拟位置，则是指句中发生空间位移的物体与说话人之间存在着假设上的倚变关系。这种虚拟位置或是说话人假设与句中以第三人称出现的某一人物同处一位置，或是假设处在句中提到的某一处所位置上。分别如下例：

（10）王芹芹从遥远的北疆为旦旦带来一张贺年卡。

（11）通往县城的大路上走来了一老一少两个人。

例（10）的说话人把自己的位置等同于"旦旦"所处的位置，例（11）的说话人把自己的位置设置在句中提到的处所"县城"里。在这两例中，说话人都是假设自己的位置在某一处，所处的位置都是虚拟位置。

2. 当前位置和遥远位置

这一分类根据的是说话时间与空间位移事件的不同关系。比如下面的例句：

（12）明天你到我家去。

（13）明天你到我家来。

例（12）的说话人所处的位置肯定不在"我家"。例（13）的说话人所处的位置则有两种可能：第一种，说话人在"我家"，那"你"的位移方向就是向着说话人的方向；第二种，说话人不在"我家"，用"来"是因为说话人把自己的位置定在明天这个时间所在的地方。我们把例（12）和例（13）的第一种情况称为"当前位置"，把例（13）的第二种情况称为"遥远位置"。

3. 自身位置和他身位置

这一分类根据的是说话人所站的立场，是站在自己的立场上，还是站在对方的立场上。比如：

（14）（打电话）你别来了，我去你家。

（15）（打电话）你别来了，我来你家。

这两个例句表达同样的位移：说话人向着听话人家的方向移动。之所以能够表达同样的位移，是因为在例（14）中，说话人站在自己的立场上，以说话时自己所处的位置为基准考察"去"的方向；在例（15）中，说话人则是站在对方的立场上，以说话时对方所处的位置为基准考察"来"的方向。我们把例（14）的情况称为"自身位置"，把例（15）的情况称为"他身位置"。

主观意义的表达对汉语学习者来说是比较难习得的内容，况且"来、去"的主观参照意义表达又是如此复杂多变。在汉语教学中，尤其是初级阶段的教学中，我们不建议对"来、去"的复杂表义情况进行全面系统的讲授，而是提倡采用点拨式教学，即在遇到某个具体表达时对该情况进行简单讲解。但是作为汉语教师，我们一定要对"来、去"所表达的主观参照意义有全面系统的了解和掌握。

19. 趋向·接触·附着·实现·起始："上"为什么有这么多不同的语义？

趋向补语"上"语义丰富，其基本义和引申义包括趋向、接触、附着、实现、起始。这些语义是如何体现的？它们之间又有怎样的联系呢？

一、"上"的不同语义

1. 趋向义：上向位移

在动趋式"V上"中，"上"为趋向补语，表示位移主体通过某种动作的实施而发生的空间上向位移。它既可以表示物理空间上的现实位移，又可以表示心理空间上的虚拟位移。这时，"上"前动词多为登攀类、升浮类、走跑类、搬抬类。比如：

（1）他们大多是不会游水的人，不能自主地在波涛里冒上、沉下……

（2）我常常有种说不出口的崇敬和遗憾浮上心头。

例（1）中的位移主体发生了物理空间上的现实上向位移，与"沉下"对立；例（2）中的位移主体是抽象的"崇敬和遗憾"，该主体发生的是心理空间上的虚拟上向位移。

2. 实义的结果义：接触

"上"还可以表示位移主体抵达位移终点后空间上发生的变化，即接触。它是动作的直接结果，因此"V上"也可称为"实义动结式"。这时，"上"前动词多为连接类、合并类、碰撞类等。"V上"所表达的接触也有现实和虚拟之分。比如：

（3）希莉丝就这么背朝地面撞上了岩石，口中吐出了鲜血一动也不动了。

（4）最近，我几乎每次坐车都会碰上这样的吵。

在例（3）中，位移主体"希莉丝"通过动作"撞"与"岩石"发生了空间上的物理接触；在例（4）中，位移主体"我"与抽象事物"这样的吵"发生了虚拟接触。

3. 实义的结果义：附着

"接触"是指两个物体接近、相连，着眼于二者的关系。但当两个物体有主有次的时候，我们的关注点就从两个物体之间是否有接触转移到了次要物体是否与主要物体发生了接触关系上。同时，"上"的意义就由凸显二者关系的"接触"变为凸显其中一方的"附着"。这时，"上"前动词多为摆放类、覆盖类、填写填充类、交还类等。比如：

（5）每月领到钱后，他只交上十五块伙食费，此外，就全留在自己身边。

（6）你回去把那间空下来的猪圈收拾一下，打扫干净以后，再垫上一层新稻草。

例（5）的"交上"表示通过上交的动作，位移主体"十五块伙食费"的所有权附着于当家人；例（6）的"垫上"表示通过"垫"的动作，位移主体"一层新稻草"附着于地面。

4. 虚化的结果义：实现

不管是通过上向位移到达了终点，还是两个物体通过位移发生了接触、附着关系，这都意味着位移的结束，而结束就意味着结果的实现。因此，"V上"的意义也就从空间层面的位移引申到了时间层面的变化，即表示事件状态由未实现到实现的转变。这时，"上"前动词的范围比较广，按照刘月华（1998）的说法，可以是吃喝穿用类，也可以是买取交还类和考选当熬类。这些词语都反映了人类的共同需求，或是直接满足人类的生理欲望，或是通过某种方式使人获得精神满足。"V上"的实现常常是指预期目标的达成。比如：

（7）都这么晚了，再炒菜，几点能吃上饭？

（8）全校高中毕业生里只有三个人考上了大学。

例（7）中的"吃饭"是希望实现的目的，"吃上饭"表示目标实现；例（8）中的"考上大学"表示通过考试获得去大学学习的资格，这是高中毕业生希望实现的目的。

5. 时体义：起始

"V上"从结果义继续虚化，可以表达起始义，即表示状态的开始。这时，"上"前动词多具有延续性。表达起始义的"V上"多用于对话，常表示否定性的评价义。比如：

（9）哎，妈呀，我说秀才你怎么用上花手绢了呢？

（10）我我我，你刚才不挺横的吗？现在怎么结巴上了，说说说。

例（9）的"用上花手绢"表示开始用花手绢，"秀才"作为一个男人用花手绢，是让人不以为然的行为；例（10）的"结巴上了"表示开始变得结巴，不过"结巴"并不是真实的情况，而是说话人对对方理亏说不出话这一状态的负面评价。

二、"上"不同语义之间的关联

"上"拥有诸多不同的语义，如趋向、接触、附着、实现、起始，这些意义是通过隐喻和转喻逐步虚化而来的。

"V上"的趋向义是最早、最实在的意义，表示位移主体自下而上的空间位移。我们知道，一个位移事件总是包含位移起点、终点和路径三个要素。不过，在"V上"表达的位移中，位移终点始终是最容易得到凸显的信息。这可能跟"上"的本义（高处、上面）有关。在我们所考察的"V上O_L"结构中，所有的"O_L"都表示位移终点。

当位移主体到达终点后，其空间状态就会发生改变。如果我们把位移终点视为一个物体，那么当位移主体到达终点后，两个物体之间就形成了接触关系，这就是"V上"的"接触"结果义。"接触"着眼于位移主体和终点二者的关系。当两个物体在认知上有主次之分的时候，我们的关注点就转移到了次要物体是否与主要物体发生了接触关系上，这就是"V上"的"附着"结果义。

不管是通过上向位移到达了终点，还是两个物体通过位移发生了接触、附着关系，这都意味着位移的结束和结果的实现。空间域的"终点"与认知域的"结果"具有隐喻关系，凸显终点的认知习惯与人们总是期望达到一个目标有关，终点更容易形成结果。位移主体到达终点需要通过一定的主观努力，这反映到认知域就是达成期望的目标，故而"V上"就形成了表示目标实现的虚化结果义。

比较难以理解的是"V上"从结果义到时体义的演变。根据文献中较为一致的结论和我们的观察，"上"的时体义是从结果义虚化而来的。由结果义向时体义演变的情况并不罕见，不过，结果通常被认为与完成相关。结果义向完成义的演变很常见，也很容易理解（比如"了$_1$"）。当"V＋结果"实现，结果出现，也就是预期目标达成的时候，人们对事件的关注也就随之结束。这也是完成义形成的心理机制。但当该结果偏离预期，甚至与预期目标相反的时候，人们的关注点就会从结果是否实现转移到结果所带来的影响，即所引发的新状态上。而"V

上"的使用就恰恰表现出了这种"意外性",比如例(9)的男人用花手绢。这时,"V上"作为关键节点,既代表了前一状态的结束,也代表了后一状态的开始。这就为起始义的出现提供了可能。郭晓麟(2018)提出,"V上"起始义的产生源于行为结果的意外性所引发的对后续状态的关注。在语义演变过程中,"意外"之义起到了关键作用。

"V上"的诸多语义给汉语学习者的理解和记忆造成了很大的困扰;但如果我们在教学中能够将这些语义之间的关联解释清楚,相信这会给汉语学习者带来很大的帮助和便利。

20. 趋向·脱离·获取·舍弃·留存·存在·容纳·定止:"下"为什么有这么多不同的语义?

趋向补语"下"包含的语义也非常多,比如趋向、脱离、获取、舍弃、留存、存在、容纳、定止。那么"下"为什么包含了这么多语义?它们之间的关系又是怎样的呢?

一、"下"的不同语义

1. 趋向义:下向位移

与所有的趋向补语一样,"下"最基本的意义就是趋向义,表示由上而下的位移。这时,"下"前动词多具有位移义或处置义,可使某物体发生位移。比如:

(1)孩子们争先恐后地跳下游泳池,玩得不亦乐乎。

(2)空中小姐帮助旅客把行李搬下飞机。

例(1)中的位移主体"孩子们"跳下泳池,发生了从上向下的位移;例(2)中的"行李"在空中小姐和旅客的作用下,发生了由上而下的位移。在这两例中,"V下"后的宾语都是处所词。但在例(1)中,"游泳池"是位移的终点;在例(2)中,"飞机"是位移的起点。

2. 结果义：脱离

在由上而下的位移中，位移起点是比终点更为重要的因素，因为一旦明确了起点的高位，就可以得知位移的方向。所以，"V下"后的处所宾语大部分都表示位移的起点，这一点我们在第12问中进行过专门的讨论。离开起点是"V下"最凸显的信息。离开意味着分离，位移主体离开起点，对应着次要物体脱离主要物体或者附着物脱离附着体。这时，"下"前动词多具有"使分离"义，如"摘、脱、取、砍、剪"等。比如：

（3）伍子胥感激万分，摘下身边的宝剑，交给老渔人。

（4）朱怀镜取下儿子的书包，放在自己肩上背着……

在例（3）中，伍子胥通过"摘"的动作，使"宝剑"与自己的身体分离；在例（4）中，朱怀镜通过"取"的动作，使"书包"脱离儿子的身体。这两例都表明了动作的结果是两个物体或者物体的两个部分发生了分离。

3. 结果义：获取

a. 通过一定的手段获取分离物

次要物体脱离主要物体，通常不是自动发生的，而是通过外力实现的。一般来说，这一行为的最终目的并不是使两物简单分离，而是要获得对分离物的所有权。这时，"下"前动词多具有夺取义，如"攻、扣、拦、拿、打、夺"等。比如：

（5）我军集中主力攻下蟠龙镇，全歼守敌六千人。

（6）一个月工资给扣下一多半，吃什么呀？

例（5）中的"蟠龙镇"被敌军占领，我军通过战役将其收回，使其所有权发生了转移；例（6）中的"工资"本属于说话人，但其中一多半的所有权转移给了别人。

b. 通过一定的手段获取某物

在语义虚化的过程中，有些具体细节和特征会被逐步忽略掉。获取义的"V下"进一步虚化，其中的"分离物"特征逐渐被弱化，变成了"通过一定的手段获取某物"。也就是说，希望获得的物体并不一定是被分离出来的，可能是不需要努力就可以分离的，也有可能是可以直接获得的。这时，"下"前动词多具有接收义，如"买、租、收、接、挣"等。比如：

（7）无论它是多少价钱，我都会把它买下。

（8）在朋友的帮助下，她租下了一个饭店，起名为"乡村"。

例（7）是通过付钱购买的方式获得了对物体的所有权，例（8）也是通过付钱的方式获得了对饭店的临时所有权。这两例中虽然都发生了物体所有权的转移，但这种所有权不需要夺取就可获得。

4. 结果义：舍弃

与"获取"相反，使两物分离，有时是为了放弃对分离物的所有权。这时，"下"前动词多具有抛扔义，如"扔、抛、丢、甩"等。比如：

（9）汉文，你在哪里呀？你怎么狠心丢下姐就这样走了？

（10）他嫂子说，金枝也来过好几趟了，带来了好多礼物，还非扔下了一笔钱。

例（9）的"丢下"首先是与"姐"进行了分离，然后再丢弃；例（10）的"扔下一笔钱"是放弃了对这笔钱的所有权。

5. 结果义：留存

使两物分离，并不一定是要放弃分离物，有时只是为了将分离物留作他用。这时，"下"前动词多具有留存义，如"剩、省、留、存"等。比如：

（11）我就和家珍商量是不是把凤霞送给别人算了，好省下些钱供有庆念书。

（12）宝珠没有一块儿回来，说是太太留下她有用……

在例（11）中，说话人想将养家的钱分出一份，分出的那份留作其他用处——供有庆念书；在例（12）中，应该一起回来的人被分离出一人，此人被留作他用。

6. 结果义：存在

有"留存"就证明有"存在"。"V下"在留存义的基础上又发展出了存在义。这时，"下"前动词有四类：

a. 写刻类：画、写、刻、录……

这类与"留存"尚有较大关联，写刻的内容可以视为从心理空间中分离出来，以可见的方式进行留存，以便他日备用。比如：

（13）哎呀，你就知道金银财宝，那都是你妈多年写下的日记，那里面肯定，有线索……

b. 定允类：定、应、许、说……

这类情况强调某种承诺的存在，该承诺也可视为从心理空间中分离出来，以口头形式留存此处，以备他日照此办理。比如：

（14）我先说下，你们要捅出娄子来我可不管。

"我先说下"强调该警告的存在，以备日后对账，有"勿谓言之不预也"之义。

c. 闯惹类：闯、惹、犯……

这类情况已经很难找到分离物的影子，"V下"的对象是新出现的。比如：

（15）你知不知道，你闯下大祸了！

与"你闯大祸了"相比，例（15）"你闯下大祸了"中的"大祸"更具有存在感，因而更具压迫性。

d. 办备类：准备、建、置办、立（功劳）……

这类情况表达通过某种准备工作，某事物已经存在。比如：

（16）离传武和秀儿约定的婚期还差三天。朱家人收拾了新房，置办下酒菜，个个忙得团团转，却独独不见传武的影。

例（16）的"置办下酒席"强调"酒席"已然存在，这与新郎"传武"不露面形成强烈的对比。

7. 结果义：容纳

"V下"还可以表示容纳义，即某处有足够的空间可以容纳。这时，"下"前动词多具有容纳义，如"装、放、容、摆、搁、挤"等；多表示人的静止姿态义，如"坐、站、躺"等。在表达容纳义时，"V下"多用可能式。比如：

（17）华北之大，已经安放不下一张平静的书桌了！

（18）吴秀明开了三桌饭，人越来越多，家里坐不下了，就干脆搬到小学的教室里去。

"下"的容纳义很难从其他意义中直接推导出来，因此很难说清该义的来源。我们猜测它应该与"下"的趋向义有较为直接的联系，因为当我们要将手中的东西放下时，需要有足够的空间容纳；如果难以放置，说明没有足够的空间容纳。

8. 状态义：定止

"下"还可以表达从动到静的状态变化。这时，"下"前动词多为停歇类，如"停、站、住、压、搁、歇"等。比如：

（19）母亲从外面进来，喊他一声："陈尘。"陈尘不说话地<u>站下</u>，背对着母亲。

（20）听我的，心里啥不痛快，都<u>搁下</u>。

在例（19）中，陈尘听到呼唤停止了走路；在例（20）中，说话人建议听话人停止去想不痛快的事。这两例都表达由动到静的状态变化，只是例（19）的是物理上的由动到静，例（20）的是心理上的由动到静。

"下"的定止义来源于其趋向义。"下"本义表达空间上的由高到低，高对应动，低对应静，由空间域映射到非空间域，"下"也就用于表达从动到静的状态变化了。

二、"下"不同语义之间的关联

综合上述对"下"不同语义的分析，我们可以用图20-1来归纳它们之间的演变关系。

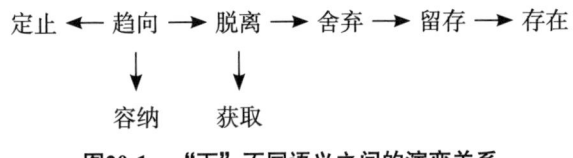

```
定止 ← 趋向 → 脱离 → 舍弃 → 留存 → 存在
       ↓        ↓
      容纳     获取
```

图20-1　"下"不同语义之间的演变关系

由图20-1可见，"趋向"作为"下"的本义，是最重要的语义节点，它演变出了"脱离、容纳、定止"三个语义。其中，"脱离"又是一个重要的语义节点，演变出了"获取"和"舍弃"两个语义。

"下"的语义不断变化发展这一过程，主要是隐喻在起作用，即由具体域向抽象域映射。空间方位概念是人类最基本的认知概念，"下"作为空间域的方位词，最先用作趋向动词时表示的是"由上而下"的运动，这是它的基本义，如"跳下马、走下台、跑下山"中的"下"。后来，空间域映射到心理域，"下"可以表示心理层面的"由上而下"，如"发下号令、传下命令"中的"下"。再发展到结果义中，"下"的空间位移义就更不明显了，这一特征几乎脱落，只表示动作的结果，意义更加虚化了。"下"完成了由空间域向非空间域的映射，开始与越来越多的动词结合，表达的意义也越来越丰富。而状态义则是空间域向时间域的投射，空间与时间向来是两个不可分割的领域，二者构成了人的基本认知结构。

21. 趋向·度过·超过·胜过·完结："过"为什么有这么多不同的语义？

作为趋向补语，"过"也具有很多语义，如趋向、度过、超过、胜过、完结。那么，"过"为什么包含了这么多语义？它们之间的关系又是怎样的呢？

一、"过"的不同语义

1. 趋向义

与所有的趋向补语一样，"过"最基本的语义就是其趋向义。"过"的趋向义有两个：一表"经过"，二表"趋近"。

a. "经过"是"过"的本义。在表达此义时，"过"前动词多具有身体或物体位移义，以及使物体位移义。比如：

（1）有两个客人从他们的小桌边走过……

（2）一朵粉红色的云彩，从他们头上飞过。

例（1）的"走过"表示两个客人经过他们的小桌边，例（2）的"飞过"表示一朵云彩在天上经过他们的头顶。这两例中的"过"都表示位移主体经过某处后继续移动，经过的位置只是其位移路径上的一点。

b."趋近"是"过"的趋向义。在表达此义时,"过"常与"来、去"配合使用。"过"前动词多具有身体或物体位移义,以及使物体位移义。比如:

(3)他正要去抓那铁条,黑暗中突然<u>伸过</u>一只手,打在他的手臂上……

(4)梁笑笑端着手巾和饮料<u>走过来</u>,依次递给秦奋和谢太太。

在例(3)中,这只手位移到了"他的手臂"所在的位置;在例(4)中,梁笑笑位移的终点是"秦奋和谢太太"所在的座位。这两例中的"过"都表示位移主体到达某处后即停,不再继续移动,且该处是位移的终点。我们可以把"过"的这个意义总结为"趋近"。

2.结果义:度过

"V过"可以表达度过义,多表示经过努力或煎熬度过一段艰难时刻。在表达此义时,"过"前动词多为度熬类,如"度、熬、挨、忍、挺"等。比如:

(5)从梅志的回忆录中,我们看到胡风和她,是付出了多少血和泪,是付出了多少沉重的代价,是经历了怎样惨烈的斗争(包括自我斗争),在无望中又满怀希望,一步一步,一天一天,<u>走过</u>了那漫长的道路,<u>熬过</u>了那漫长的岁月,最后从烈火中飞腾而出。

(6)你得爬起来,你得<u>挺过</u>这一关……

在例(5)中,"胡风和她"煎熬地度过了"那漫长的岁月";在例(6)中,说话人鼓励听话人坚持下去度过"这一关"。当然,度过的不一定都是艰难时光,有少量例句中表达的是度过美好时光,如例(7)的"度过了烂漫青春"。

(7)不知不觉之中,我们<u>度过</u>了烂漫青春,迎来了哀乐中年……

"过"从表示"经过"演变为表示"度过",在这个过程中,仍然是隐喻发挥了作用。"经过"是指在空间域中经过某处后继续前进,"度过"则是指在时间域中度过某个重要的时刻或时段后继续前进。我们可以在例(5)中清楚地看到空间域向时间域的投射:虽然"走过了那漫长的道路"看起来是发生在空间域中的位移,但结合上下文可以看出,所描述的事件发生在时间域中。句中使用的空间域概念,如"走、道路",可以让我们更清楚地看到空间域向时间域的投射。

3. 结果义：超过

"V过"可以表达超过义，多表示超出了预定的目标或常规的标准。在表达此义时，"过"前可以是表示位移或使物体位移的动词，如"走、跑、跳、拉、推、扔、坐（车）"等，还可以是"睡、闹"等动词。比如：

（8）我们一路说着话，不觉已经走过了，只好又往回走。

（9）有一回，他竟自把座儿拉过了地方，忘了人家雇到哪里！

（10）支书怕我睡过了，早早地叫我来了。

例（8）的"走过了"意思是经过了目的地，还继续往前走；例（9）的"拉过了地方"意思是到了目的地没有停下，还继续往前走；例（10）的"睡过了"意思是到了预计要起床的时间还没醒，继续睡。

例（8）和例（9）中都存在一个预定的目的地，但这一目的地却被位移主体当作路径中的某一点错过。可见，"超过"义与基本义"经过"存在直接的关联。例（10）的"睡过"表示到了既定的起床时间仍继续睡觉，这是空间域的"超过"投射到时间域的结果。

4. 结果义：胜过

"V过"可以表达胜过义，多表示二者相比，其一胜出。这个意义已经完全脱离了空间趋向义。在表达此义时，"过"前动词可以是比赛斗争类的，如"比、赛、斗、敌、抗"等；也可以是表达斗争方式的，如"打、挤、干、跑、说"等；还可以是"好、强、高"类形容词。在表达胜过义时，"V过"常用可能式。比如：

（11）谁能比过你？

（12）媳妇和婆婆是天生的对头，婆婆永远也打不过媳妇……

（13）有人出价高过我们了？

例（11）的意思是与你相比，没有人可以胜出；例（12）的意思是与媳妇相比，婆婆不可能胜出；例（13）的意思是与我们给出的价格相比，别人的胜出了。

"胜过"义与"超过"义之间的关联非常明显。"超过"的对象是既定的目标；"胜过"只是把既定的目标换作了竞争对象，只要超过竞争对象，就可以算作实现了既定目标。

5.结果义：完结

"V过"可以表达完结义，多表示动作或状态的完成，常用于口语。在表达此义时，"过"前动词的范围比较广，除了非自主动词、非具体动作动词外，其他的基本上都可以。比如：

（14）老胡：快去，给新来的小朋友盛碗饺子……

老傅：……开什么玩笑，我都吃过饭了，我是叫圆圆回家去的。

（15）他听了很不高兴。便问她看没看那本《白比姆黑耳朵》，她说在给作家送去之前看过了，特棒！

（16）A：饭还没好吗？

B：刚才我去看过了，还没好。阿姨年纪大了，手脚越来越慢了。

例（14）的"吃过饭了"意思是完成了吃饭这件事，例（15）的"看过了"意思是完成了看书这件事，例（16）的"看过了"意思是已经去看饭做好没了。在上面三个例句中，"V过"所谈论的问题均已在上文中出现。比如在例（14）中，上文老胡提议给老傅准备饭；在例（15）中，上文已讨论过看没看那本书；在例（16）中，上文对方问饭好没好，作为回复，说话人说"看过了，还没好"。可见，表达完结的"V过"是有一定的使用条件的，要么作为对对方所关注问题的直接回复（如例[14]、[15]），要么间接提供一些线索（如例[16]）。

"V过"的"完结"义与其"度过"义有较大的关联，二者都是时间域概念。后者通常指度过某个重要的时刻或时段，而前者则是将这个"重要的时刻或时段"替换为"当前受到关注的某一事件"，"度过"这一事件，即为"完结"。

二、"过"不同语义之间的关联

综合上述对"过"不同语义的分析，我们可以用图21-1来归纳它们之间的演变关系。

完结 ← 度过 ← 经过 → 超过 → 胜过

图21-1　"过"不同语义之间的演变关系

由图21-1可见，"经过"作为"过"的本义，是最重要的语义节点，它向两个方向演变出了四个语义。在"过"的语义演变过程中，隐喻同样起到了很大的作用。

空间域概念向时间域概念的投射，是不同语言语义演变过程中最重要的共同机制。在汉语语法教学中，教师将不同语言语义演变的共同机制介绍给学生，将有助于他们加深对重要语法结构语义引申和演变的理解。

22. 表完结的"过"与时态助词"过"有什么不同？

在上一问中，我们探讨了表达完结义的"过"是怎样从趋向义演变而来的。在现代汉语中，处于动词后这一位置的，除了表完结的"过"外，还有一个表经历的时态助词"过"。我们把这两个"过"分别称作"过$_1$"和"过$_2$"。请看下例：

（1）啊啊啊啊，你那个方案，我看过了，看过了，你很有改革的热情嘛！

（2）孟朝阳：知道外国有一作家叫高尔基吗？

　　圆　圆：知道，我看过他的小说《母亲》。

例（1）中的是"过$_1$"，表示完结，"看过了"意思是从头到尾看完了；例（2）中的是"过$_2$"，表示经历，"看过"意思是曾经阅读过该小说。从这两个例子可以看出，"过$_1$"和"过$_2$"在句中所处的位置相同，都位于动词之后；所表示的意思也往往都与"过去"有关。所以，对于汉语学习者来说，二者很难区分。

那么，"过$_1$"和"过$_2$"在使用上有什么区别呢？

一、关于"过$_1$"和"过$_2$"的区别

已有的研究成果中有不少关于这方面的。比如宋玉柱（1997）提到过"过$_1$"和"过$_2$"在意义、语音、结构上的差异：在意义上，"过$_1$"表示动作完成，相当于"完"，而"过$_2$"表示一种经历，说明过去；在语音上，"过$_1$"重读，而"过$_2$"要轻读；在结构上，"过$_1$"所跟的动词前常常加"已经"，后面可以加

"了","过₂"不能加"了"且所跟动词前常常加"曾经"。此外,"过₁"没有否定形式,而"过₂"所跟的动词前可以加"没"或"没有"。再如孔令达(1986)曾指出"过₁"和"过₂"在时态上的差异:"过₁"表示"动作完毕",其意义与时态没有关系,它不受任何时间的限制,既可以用于过去,也可以用于现在和将来,如"昨天我吃过饭就去公园了/我已经吃过饭了,咱们去公园吧/明天我吃过饭就去公园";"过₂"则表示曾经有某事,它总是同"过去"相联系,其"过去"义具体包括事实的过去、将来的过去和假设的过去。

现有研究在形式和意义上对"过₁"和"过₂"的差异进行了全面而准确的分析,不过这些研究都是以汉语母语者的视角展开的。也就是说,我们是在能够正确地使用"过₁"和"过₂"的基础上去分析它们的形式和意义区别。但是,对汉语教学来说,语用角度的研究才是最重要的。也就是说,我们应该搞清楚"过₁"和"过₂"使用上的差异,告诉学生什么时候用重读的"过₁",什么时候用轻读的"过₂",这才是最重要的。

二、"过₁"和"过₂"的语用区别:"解释"和"证明"

通过对语料的考察和分析,我们发现"V过₁"和"V过₂"各有不同的功能:"V过₁"的作用通常是为上下文中新出现的情况提供前提条件或原因,"V过₂"的作用则通常是为说话人所持的某种观点提供证据。比如:

(3)节假日回家,当我们征询他对于吃什么的意见的时候,他说各种好的都吃过了,现在想吃的只有稀饭与腌大头菜,还有高汤和炸酱面。

(4)白素贞:官人,后面那边查看了没有啊?

　　许　仙:都看过了,娘子放心吧,哎,我们,我们坐下来谈谈好了。

(5)自从有了孩子后,丈母娘的确辛苦,没有踏实吃过一顿饭,睡过一个囫囵觉……

(6)不要以为我是见钱眼开嘛!我都六十多岁的人了,什么没有见过?

例(3)和例(4)中的都是"V过₁",其中"各种好的都吃过了"是对后文只想吃"稀饭与腌大头菜,还有高汤和炸酱面"这一情况的原因解释,"都看过了"为"娘子放心"提供前提条件;例(5)和例(6)中的都是"V过₂",其中

"没有踏实吃过一顿饭，睡过一个囫囵觉"是为前文"丈母娘的确辛苦"这一观点提供证据，"什么没有见过"是为前文"我不是见钱眼开"这一观点提供证据。

"V过₁"可以表达"前提条件"和"原因"，这两个概念虽不相同，但二者在"解释"这一功能上具有相通性；"V过₂"所表达的是证据，证据的功能是进行"证明"。

三、"V过₁"和"V过₂"使用上的差别

"解释"和"证明"两种功能实现方式上的不同及目的差异性，导致"V过₁"和"V过₂"在使用上具有不同的特点。

首先，当我们进行解释的时候，所陈述的前提、原因与结论、结果之间具有直接的相关性；而当我们进行证明的时候，证据和论点之间不一定具有直接的关联。比如下面的例子：

（7）圆圆：给我点儿钱我买一自动铅笔盒。

和平：噢……自动铅笔盒我上次不是给过你钱了吗？

（8）我的意思是说，没吃过猪肉，还没见过猪跑吗？啊？身边这事儿还少吗？非得亲身经历吗？只有自杀的人才知道自杀的心理吗？不是笑话嘛！

例（7）中的"给过你钱了"是"V过₁"，作为原因，它可以直接推导出不会再给钱的结论。由于该结论与原因之间是直接相关的，所以结论即使不表达出来也不影响理解。例（8）中的"没吃过猪肉，还没见过猪跑吗"是"V过₂"，作为证据，它可以证明"凡事不必亲自经历"的论点。证据与论点属于不同的概念域，二者不存在直接的关联。

"V过₁"作为原因，还可以由结论倒推出来。比如下例：

（9）傅老：今天怎么就剩下咱们俩吃饭啦？

和平：瞧您说的，怎么就剩下咱俩吃饭呢？就您一人儿吃饭。

傅老：那你们都吃过了？

由结论"就您一人儿吃饭"，可以倒推出原因"你们都吃过了"。这种倒推的顺利实现也是基于原因和结论之间的直接相关性。

其次，当我们进行解释的时候，所陈述的前提、原因具有真实性（这个真实性与是否符合事实无关）；而当我们进行证明的时候，所用的证据不一定都是真实的，有可能是夸张的。比如：

（10）……然后把这群人让进屋，赶紧打发廖莉莉去买早点。"不用不用，我们吃过了……"橡树湾来的那一帮人紧着客气。

（11）圆　圆：明白了，想当作家！

　　　孟朝阳：唉！

　　　圆　圆：我打听打听，您小时候作文及过格么？

例（10）中的"我们吃过了"是"V过$_1$"，它的真实性是可能存在的。当说话人说出这个句子的时候，说话人希望对方相信其真实性，并由此推得结论——不用去买早点了。例（11）中的"作文及过格"是"V过$_2$"，其真实性很难得到验证。说话人也未必相信该判断的真实性，只是用这种夸张的证据证明其论点——对方想当作家的梦想是不可能实现的。

我们进行证明的时候，证据越多、越夸张，论点就越容易被人相信，所以"V过$_2$"常常出现在排比句中。"V过$_1$"很少有这样的用法。比如：

（12）您是谁他是谁呀，您是老革命，旧社会您吃过糠，抗日战争您扛过枪，解放战争您负过伤，抗美援朝您渡过江，您是经过考验哪……他没经过考验哪，也就忆苦思甜吃过糠啊，民兵训练他扛过枪，文攻武卫他负过伤，游戏比赛他渡过江啊，您能扛得住，他可不见得扛得住啊！

上例用了大量的含"V过$_2$"的排比句，用夸张的形式和内容证明其结论的可信度，即：您扛得住，他不见得扛得住。

第三，解释往往是针对已经出现的或下一步要出现的情况所做的，所以"V过$_1$"所在的语篇多是陈述性的；而证明往往是针对自己的论点所进行的，所以"V过$_2$"所在的语篇多是评论性的。比如：

（13）哼！看过之后，我差点想给她撕了！哪能这样釜底抽薪？

（14）您工作上的事儿我就不说啦，您在家里表现得又怎么样？除了唱唱高调儿没见您做过一件具体事儿——连个碗都没洗过。

例（13）中的"看过"是"V过₁"，所在的语篇具有陈述性特征；例（14）中的"没见您做过一件具体事儿、连个碗都没洗过"都是"V过₂"，所在的语篇具有评论性特征，是要证明对方在家里表现不好。

由于"V过₁"常常出现在陈述性语篇中，当"V过₁"与后文的解释关系变弱时，"V过₁"与后面的动词就变成了对连续动作的表达，所以"V过₁"也常常出现在描写连续性动作的语篇中，这时"V过₁"后可以出现"以后、之后"等时间词，比如例（13）。再如下面两个连动句的例子：

（15）两个你看看我，我看看你，<u>看过</u>后都咧着嘴笑了。

（16）她<u>喝过</u>水继续干号。

总之，"V过₁"和"V过₂"在语用上的差异在于"解释"与"证明"，二者的功能差异可以解释其使用上的不同。在汉语语法教学中，教师将相关结构形式的功能差异交代清楚，会更有利于学习者根据想要表达的意义选择合适的结构进行恰当的表达。

第五部分　形近结构的语义辨析

23. "他跳上来了"还是"他跳起来了"？

作为趋向补语，"上来"和"起来"都可以表达由下而上的位移，二者前的动词都可以是表示肢体动作的，如"抬、举、站、坐、跳、爬、蹦、拉、提、拾、搬、挂、端"等。"V上来"和"V起来"都可以表示身体或身体局部由下向上、由低到高的位移或者通过外力，使物体产生由低到高的位移。比如：

（1）老傅：……杨老啊，你坐在这个轮椅上，一定很舒服吧？

老杨：还可以，还可以，小傅啊，你坐上来试一试吧。

（2）他们坐起来，躺下，又坐起来，再躺下，还是丢不开这棵石榴树。

（3）秀　才：来来，把石板抬上来。

郭巨侠：哎，慢，慢慢慢，你这是要胸口碎大石啊！

（4）我们把床垫从地上抬起来，放在床板上，就完成了整个造床过程。

由于"上来"和"起来"在意义和语用上存在很多相同之处，所以汉语学习者在学习中不免产生困惑："V上来"和"V起来"到底有什么不同？

一、关于"上"和"起"

"上"和"起"都表示由下而上的位移。我们知道，每一个位移事件都包含位移起点、路径、终点三个要素；但在语言表达中，这些要素并不会都得到表达。根据需求，有些要素会得到显性表达，有些要素会被忽略，还有一些要素虽然没有得到字面上的表达，但却得到了隐性的凸显。"上"和"起"所表达的位移事件就是如此。在第12问中，我们曾讨论过包含"O_L"的趋向结构中，"O_L"表示的是位移起点、路径还是终点的问题。我们发现，"V上 + O_L"结构中的"O_L"一般只能表达终点。比如：

（5）当他们爬上山顶又下山的时候，天空已经黑尽了。

在例（5）中，位移终点"山顶"在"O_L"位置得到了显性表达。那么，在"V上来"这个不存在"O_L"位置的趋向结构中，哪一个位移事件构成要素得到了隐性的凸显呢？我们分析一下例（1）和例（3）。例（1）中的"坐上来"是指"坐上轮椅"，例（3）中的"抬上来"是指"抬上胸口"，位移终点"轮椅、胸口"虽然没有得到显性表达，但我们通过上下文都可以补充出来，而位移起点却在结构中没有得到任何形式的凸显。

我们再分析一下"V起来"的例子。例（2）中的"坐起来"是指背部离开卧具，例（4）中的"抬起来"是指将床垫抬离地面。在这两个例子中，得到隐性凸显的都是位移起点。正是因为这个，现代汉语中的"起来"还有"让开"的意思，这也是在凸显离开某处。

综上，"上"的表达重点是强调到达终点，"起"的表达重点是强调离开起点。

二、关于"来"

"V上来"和"V起来"的不同还体现在"来"上。由于"起来"合并了"起去"（详见第43问），所以在"V起来"中，"来"不表示位移主体与说话人相对位置的变化；而在"V上来"中，"来"与"去"相反，表示趋近说话人所在的位置。比如：

（6）风虽然太大太急，可是风筝还是飞起来了。

（7）（绿蚱蜢）飞起来露出桃红色的翅膜，咯咯咯地响……

（8）姐妹俩的笑声随着两只谷捆同时飞上来，男的伸开双臂，一左一右，麻溜地同时接住，然后往两边一送，摆正。

（9）别胡说八道了，他是神仙，转眼之间驾云飞上去的？

例（6）中的"风筝"在逐渐远离说话人所在的位置，例（7）中的"绿蚱蜢"

很难说清是在远离还是趋近说话人所在的位置，但这两个位移事件都是用"飞起来"表达的。在例（8）中，"笑声"趋近参照位置（"男的"位置所在），用"飞上来"表达；而在例（9）中，"他"远离说话人所在的位置，用"飞上去"表达。

三、关于"O_L"

"V上来"和"V起来"的不同还体现在"O_L"能否出现在趋向结构中。"V上来"中可以出现表示终点的"O_L"。比如：

（10）晚上，我一上床躺下，虎子就和另外一只名叫猫咪的猫，连忙跳上床来，争夺我脚头上那一块地盘，沉沉地压在那里。

而"V起来"中不可以出现表示起点的"O_L"。如果要表达离开的位置，需要借助上下文语境信息或改用其他表达方式。比如：

（11）钻天杨上的小鸟惊恐地飞起来……

（12）一架飞机飞离跑道，轰鸣着冲上云霄。

例（11）中的"小鸟"离开的位置"钻天杨上"在前文可以找到，例（12）则使用了"飞离+O_L"表达离开起点"跑道"。

根据我们以上的分析，"他跳上来了"和"他跳起来了"都是正确的表达，只是语义有所差别："他跳上来了"表示位移主体通过"跳"的方式，从低处到达高处，此时说话人在高处；"他跳起来了"表示位移主体通过"跳"的方式离开地面，而说话人在哪儿则不得而知。在教学中，我们可以通过图23-1的方式让学生明白"上"和"起"所强调的位移要素不同。

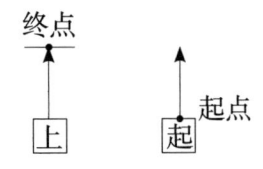

图23-1 "上"和"起"强调的不同位移要素

24. "天暗下来"还是"天暗起来"?

一、"下来"和"起来"的对立

"下来"和"起来"都可用于形容词后表达状态义，但二者各有分工。"下来"表达由动态向静态的变化，前面的形容词常常是负向的，如形容声音的"安静、沉寂"、形容光线的"黑、暗"、形容速度的"慢"、形容温度的"凉、冷"、形容气氛的"缓和、平静"；"起来"表达由静态向动态的变化，前面的形容词常常是正向的，如"热闹、吵闹、亮、快、热、激动"等。比如下面的例句：

（1）老夏一句话居然让她从愤怒中<u>平静下来</u>。

（2）天色<u>暗下来</u>，保育院每个房间都开了灯，像一艘停在岸边的巨型客轮。

（3）众人……饮了这一杯，席间<u>热闹起来</u>。

（4）在舞台后边，演员们一边闲聊，一边等待上场，他们讲话的声音逐渐<u>大起来</u>……

在例（1）和例（2）中，出现在"下来"前的是负向形容词"平静"和"暗"，二者分别表达由愤怒到平静、由亮到暗的状态变化。在例（3）和例（4）中，出现在"起来"前的是正向形容词"热闹"和"大"，二者分别表达气氛由安静到热闹、声音由小到大的状态变化。

二、"下来"和"起来"两可？

"暗"属于负向形容词，在表达光线由亮到暗的变化时，我们常用"暗下来"。比如：

（5）这些天萧乾几乎每天都到江边去坐着……一直到天色<u>暗下来</u>，江南江北都亮起了灯火，他才起身离去。

（6）孟妈眼睛一亮，随即<u>暗下来</u>，说，仨瓜俩枣的，恐怕不够润笔，只够润喉。

但是，我们也注意到了"暗"出现在"起来"前的情况。比如：

（7）一阵风过去，天暗起来，灰尘全飞到半空。

（8）太阳下山了，屋子里渐渐暗起来。

那么，这是不是说明在表达由亮到暗的状态变化时，"暗"后用"下来"和"起来"是两可的呢？仔细分析例句，我们发现例（5）和例（6）中的"暗下来"不能替换为"暗起来"，但例（7）和例（8）中的"暗起来"替换为"暗下来"似乎问题不大。刘月华（1998）认为，"负向形容词+起来"表达的是不合常规的变化，但不合常规很难解释例（7）和例（8）中的"暗起来"，因为我们很难在句中加上"反倒、反而"之类的表达反常规义的副词。

同样不能把"暗下来"替换为"暗起来"的，还有下面的例句：

（9）虽然是白天，太阳老高的，可是走进咖啡馆光线就暗下来。

（10）就这样走着走着，我又走得很远了，当天色几乎全暗下来的时候，我才惊觉到我必须放弃寻找了。

三、"下来"和"起来"并非两可

例（1）、（5）、（6）、（9）、（10）中的"暗下来"都不能替换为"暗起来"，说明这两个结构存在差异。仔细分析例句，我们发现例（1）、（5）、（6）、（9）中都包含前后状况对比的成分，如例（1）的"从愤怒中平静下来"、例（6）的"眼睛一亮，随即暗下来"，例（5）和例（9）暗含状态对比的意思，其中例（5）中与"暗"对比的是白天可以看水看云看船的"亮"，例（9）对比的是外边的"亮"和咖啡馆的"暗"。正是由于这种对比义的存在，所以这些例句中都不能使用"暗起来"。而例（2）的上下文中不存在状态对比的情况，其中的"天色暗下来"就可以替换为"天色暗起来"。例（10）的上下文中也不存在状态对比的情况，但是我们仍不可以把"暗下来"替换为"暗起来"，这是由于其中"全"的影响，我们可以说"天色全暗下来了"，但不可以说"天色全暗起来了"。

这些例句中"下来"和"起来"不能随意替换的原因是什么呢？我们知道，

"起来"是一个语法化程度较高的成分,可以表达趋向义、结果义、状态义、情态义。其中,状态义又分两种:一是与"下来"对应的状态变化义,此时"起来"前为正向形容词,包括声音类、光线类、速度类、气氛类等;二是表达起始义的时体义,此时"起来"前可以是动词,也可以是形容词,其中形容词包括但不限于前面列举的负向形容词。这两种状态义的对比请看下面的例句:

(11)他看到他们的手伸出去抓住了鱼……鱼的鳞片在黑暗里闪烁着微弱的亮光……后来天色微微<u>亮起来</u>,于是他看清了那两人手中的鱼竿没有鱼钩和鱼浮,也没有线,不过是两根长长的、类似竹竿的东西。

(12)下班时间到了。太阳消失了。路灯<u>亮起来</u>了。外科主任宋建平这才收拾起办公桌上的东西,沿着静谧的走廊向外走。

例(11)中的"起来"是状态义,强调状态变化的实现。为了凸显变化,句中常常出现前后状态的对比。例(12)中的"起来"是时体义,强调新状态的开始,句中不需要出现前后状态的对比。例(11)的"亮起来"前可以出现表示状态变化实现程度的副词,如"微微、完全";例(12)的"亮起来"前不可以出现"微微、完全"等程度副词,但可以出现"开始",如"路灯亮起来了"也可以说"路灯开始亮起来了"。

回到标题中提出的问题上,我们认为,虽然"暗下来"和"暗起来"都可以说,但二者表达的意思并不完全相同。具体来说,"暗下来"强调的是由亮到暗的变化,"暗起来"强调的则是"暗"这一状态的开始。这两个结构其实是对同一现实状况的反映,只不过是选取了不同的侧面和时段进行表达而已。我们在教学中可以通过图24-1的方式对二者的区别进行讲解。

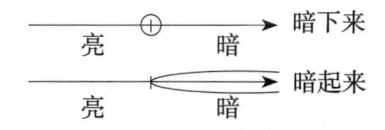

图24-1 "暗下来"和"暗起来"强调的不同状态

25. "把画儿摘下来"还是"把画儿摘下去"?

"把画儿摘下来"和"把画儿摘下去"两种说法都对。从字面上看,两种说法仅差一字,意义相近,都表达使画儿和墙分离之义。那么,它们有什么不同呢?

"把画儿摘下来"和"把画儿摘下去"的差别仅在于"来"和"去"。我们知道,"来"和"去"是用于表达着眼点或参照位置的成分。通常来说,如果位移主体的位移方向是朝向说话人所在的位置的,我们用"来"表达,反之则用"去"。比如:

(1)你把花儿搬出去。

(2)你把花儿搬出来。

听到这两句话,我们即便不在现场,也能推断出说话人所处的位置。在例(1)中,说话人在房间里;在例(2)中,说话人在房间外。

上面两例是最常见也是最容易习得的情况,但现代汉语中还存在很多复杂的情况。我们在第18问中曾提到参照位置的几种特殊情况,比如:

(3)明天你到我家来一下。

该例反映的是遥远位置,说话人将自己定位于明天所在的位置。

(4)我马上过来。

该例反映的是他身位置,说话人将自己定位于听话人所在的位置。

(5)通往县城的大路上走来了一老一少两个人。

该例反映的是虚拟位置,说话人假设自己位于句中提到的处所——县城。

在"把画儿摘下来"和"把画儿摘下去"两种说法中,说话人所在的物理空间位置不太容易判断。当然,我们也可以这样给学生解释:假设画儿在墙上挂的位置比较高,"把画儿摘下来"的说话人可能是在地面上站着,靠近画儿摘下后的位置;"把画儿摘下去"的说话人可能是在梯子上,靠近画儿摘下前的位置。

不过,当我们遇到下面的情况时,上面这套解释就行不通了。

(6)把邮票从信封上撕下来。

(7)把邮票从信封上撕下去。

因为在这两例中，"邮票"的位移距离很短，我们很难说清它位移的方向是朝向说话人的还是背离说话人的。在这两例中，趋向动词"下"也并不表示由上而下的移动，而是表示使次要物体从主要物体上脱离，与"脱下衣服"的"下"意义相同。而"把画儿摘下来"和"把画儿摘下去"中的"下"则是两解，既可以理解为由上而下的移动，也可以理解为使次要物体从主要物体上脱离。

在表示使次要物体从主要物体上脱离之义时，虽然位移主体与说话人的相对位置并没有发生太大的变化，但我们仍然可以使用"来、去"表达参照位置。这时的参照位置不是说话人所在的物理位置，而是说话人的心理位置——着眼于主要物体时用"去"，着眼于次要物体时用"来"。这种心理位置也是移情的一种，说话人把自己认同于该物体。这种移情有时也会造成语义上的微妙变化。比如例（6）的说话人移情于邮票，表达的意思是要保留该邮票；相反，例（7）的说话人移情于信封，表达的意思是去除邮票后保留该信封。再如，当我们扔快递包装时，为了保护个人隐私，我们常常会先把印有个人地址、手机号码等信息的快递单撕除。这时，我们一定是移情于快递单而不是要扔掉的快递包装的，所以我们通常会说"把快递单撕下来"，而不会说"把快递单撕下去"。当然，用"V下去"不一定总是表达要丢弃什么，用"V下来"也不一定总是表达要保留什么，有时我们需要根据当前的话题选择使用"下来"还是"下去"。比如，当我们的关注焦点是次要物品时，即便它是要被丢弃的，我们也可以用"下来"，如"你看，这些标签上的字都写错了，你把它们都揭下来吧"，其中的"标签"是当前的话题、关注的焦点，即使要被丢弃我们也选用了"下来"进行表达。

根据这一特点，我们可以针对此类结构设计如下的教学活动：

活动一：

你就要换宿舍了，请你用给出的动词和"把……V下来"句式尽量多地说出你怎样收拾东西。（摘、拆、拿、撕、揭）

活动二：

东西收拾好了，房间里现在不太干净，请你用给出的动词和"把……V下去"句式尽量多地说出你怎样打扫房间。（扫、擦、洗、刮、揭、拆、剪、撕）

此外，我们还可以根据"V下来、V下去"的特点，设计选词填空练习，要求学生根据上下文，选择使用"下来"和"下去"。比如：

墙上挂的那幅画儿不好看，摘_____吧。

我很喜欢墙上那幅画儿，你摘_____送给我吧。

这个新买的杯子上边的标签不好看，我想把它揭_____。

这张老照片是从证件上揭_____的。

衣服上的油渍很难洗_____。

服务员用毛巾把盘子上的水印擦_____。

她把新买的戒指摘_____给我们看。

照片贴错地方了，揭_____重新贴。

从这类语言现象可见，趋向补语所表达的意义非常细微，这也是我们在"引言"中提到的趋向补语使用上的弱类推性的表现之一。对于趋向补语，我们在教学中要尽量做细化处理。

26. "看不起他"还是"看不上他"？

"看不起"和"看不上"都是现代汉语中已经词汇化了的说法，其中的"起"和"上"体现的都是趋向补语的结果义。在意义上，这两种说法有相近之处，都指对方在某方面达不到要求或标准。比如下面的句子：

（1）不要看不起小市民，也不要看不起芸芸众生。

（2）以李真的胃口而言，根本看不上这10万元钱。

那么，两种说法存在什么差别呢？

一、"看不起"和"看不上"的语义差异

我们先来看"起"和"上"的结果义。刘月华（1998）将"起"的相关意义总结为主观上是否有某种承受能力，包括金钱、时间、地位、能力、精神、体力等方面；将"上"的相关意义总结为实现了预期的或希望达到的目的。从其描述中可以看到，"起"和"上"都具有主观性，但二者存在程度上的差异。具体而

言,"起"是指在某些方面能否承受,即能否达到某一标准,主观性相对较弱。比如:"买不起"是因为拥有的钱数达不到商品的标价;例(1)中使用"看不起",是因为"小市民"和"芸芸众生"在(艺术鉴赏)能力上达不到一定的水平和标准。"上"表示"实现了预期目的",目的是由说话人确定的,因而标准必然是主观的。比如:"看不上"的主要原因是对方没有达到说话人的主观标准;在例(2)中,对于一个贪官而言,10万元的贿赂并没有达到其预期,所以他"看不上这10万元钱"。

我们再看下面的句子:

(3)大家全都看不起你,觉着你不是凭真本事考进来的,是骗子……

(4)同行的医生,看内科的、外科的,都看不起陈小手,认为他不是医生,只是一个男性的老娘。

(5)徽因的母亲身体不好,家里许多事情她做不了,可她又看不上请来的女佣。

(6)都是好东西!何家的媒人对你爹说,只要你哪样看不上,他们就拿回去换!

例(3)的"看不起",是因为大家觉得你没有达到入校的基本要求;例(4)的"看不起",是因为同行的医生觉得陈小手的医术没有达到当医生的基本要求;例(5)的"看不上",是因为女佣达不到徽因母亲心目中的水平;例(6)的"看不上",是因为东西的品质达不到新娘的要求。

正因为有这种语义上的不同,所以当我们用"看不起"评价对方的时候,对方受到的伤害更大,因为我们否定的是对方的基本能力和水平;而当我们用"看不上"评价对方的时候,对方受到的伤害没有那么大,因为对方的能力和水平只是没有达到我们主观认为的高度而已。

二、"看不起"和"看不上"的对象差异

除了上述语义差异以外,"看不起"和"看不上"的对象也有所不同。"上"表示"实现了预期目的",我们只有对与自身存在关联的人或物才会产生预期,比如将来与自己结婚或合作的人。在使用"看不上"的场合中,主体

常常带有特殊目的，比如将对方看作结婚、提拔、交友、合作的对象进行考察。比如：

（7）我可看出来了，你惦记那丫头哪，可人家掉头走了呀！那是<u>看不上</u>你。

（8）对于原石家庄市市长张二辰，李真本来是很<u>看不上</u>的，认为他狡猾，善于贬低别人抬高自己。

（9）也难怪连你妈都<u>看不上</u>你，说你"烂泥扶不上墙"！

例（7）是将对方看作恋爱对象进行考察，例（8）是将对方看作政治合作对象进行考察，例（9）是将对方看作培养对象进行考察。在所有语料中，以将对方看作恋爱对象进行考察的最多。

"看不起"的对象可以是身边的人，也可以是时空距离比较远的人。比如例（10）的"看不起"这一行为发生在同学之间，"看不起"的对象是时空距离比较近的人；例（11）"看不起"的则是心理距离比较远的一类人；例（12）的"看不起"这一行为则发生在穿越时空的人物之间。

（10）她突然想起中学时那次摸底考试，她跌到全班最低点的成绩令她抬不起头来，同学们<u>看不起</u>她，老师也不喜爱她……

（11）他们<u>看不起</u>黑呢中山服里的衬衣很脏的人，耻笑西服的纽扣紧扣却穿一双布鞋的人。

（12）当年的梁文道一定<u>看不起</u>今天的梁文道。

总之，"看不起"的对象范围是很广泛的。正因为如此，《现代汉语词典》（第7版）在对主客体模糊的鄙视类词语进行释义时都选用了"看不起"，而非"看不上"。比如：

【高傲】自以为了不起，看不起人；极其骄傲。

【鄙薄】轻视；看不起。

【嗤之以鼻】用鼻子哼气，表示看不起。

除了人以外，"看不起"和"看不上"的对象也可以是物。"看不起"某物，是因为该物的质或量没有达到某种标准，不配得到某种程度的对待。"看不上"某物，是因为该物的质或量没有达到预期的标准，所以主体不屑于接纳为己物。比如：

（13）我们有的人，总<u>看不起</u>"小事"，认为这是微不足道的，他们总是以"抓原则"为名，不愿意做扎扎实实、深入细致的工作，到头来什么事情也办不成。

（14）琳达这样的老销售，从不指望工资生活，这点钱她根本<u>看不上</u>。

例（13）的"小事"因为过小而使有的人不愿意"做扎扎实实、深入细致的工作"，例（14）的"这点钱"因为过少而被琳达认为不值得争取。

三、另一类"看不起"和"看不上"

还有一类"看不起"和"看不上"，与我们上面所说的态度表达无关。比如：

（15）他现在甚至穷得<u>看不起</u>病。

（16）医院里病人爆满，有些人来到医院甚至<u>看不上</u>病。

例（15）的"看不起"表示经济方面承受不了；例（16）的"看不上"则表示没有机会看病，没有机会实现预期目的。这类"看不起"和"看不上"中的趋向补语的意义与前文所讨论的属于同一大类，但由于其客体不具有可评价、可考察的性质，所以不含有轻视性评价义。

这种意义还可以用于其他动词，比如：

（17）a. 用不起电脑（没有钱买电脑）

b. 用不上电脑（没有用电脑的条件）

（18）a. 吃不起饭（没有钱吃饭）

b. 吃不上饭（没有吃饭的条件）

（19）a. 喝不起茅台（没有钱喝茅台）

b. 喝不上茅台（没有喝茅台的条件）

（20）a. 住不起别墅（没有钱住别墅）

b. 住不上别墅（没有住别墅的条件）

例（17）~（20）中的动词"用、吃、喝、住"等都具有"消费"义，此外还有"买、上（学）、看（电影）、开（车）"等含有"成本"义的动词也有此用法。上述例句中的a句表达的意义比较统一，都表达"没有钱做某事"，这一意义与"起"的"能否承受"义有关。不过，b句所表达的意义并不完全一样。我们将其大致总结为"没有条件"，其实具体理解起来差异很大。比如"吃不上"这一结构，我们可以理解为"没有钱吃、没有时间吃、没有机会吃"。请看下面的例句：

（21）我们那里有很多孩子比我还艰难，不仅读不起书，甚至连饭都吃不上。（没有钱吃）

（22）每天忙忙碌碌就是为了混口饭吃，结果忙得连口饭都吃不上。（没有时间吃）

（23）安排我们住在最好的"海参崴酒店"，据说属于最豪华的团队待遇。导游小杜多次说她这次很幸运，以前陪团来，她说是"吃不上住不上"的。（没有机会吃）

"V不上"结构之所以可以产生不同的理解，与"上"的"实现了预期目的"义有关。某个预期目的能否实现，取决于各方面条件能否满足，比如资金是否充足、时间是否充裕等。预期目的实现，说明各方面条件都得到了满足；相反，预期目的没能实现，说明某一方面或某几方面的条件没有得到满足。所以当我们看到"吃不上"这个结构时，我们并不能确认是哪方面的条件没有得到满足才导致"吃不上"这一结果，只有在语境中才可以确认。

同一个趋向结构，不同的动词或宾语出现其中会对结构的意义产生很大的影响；同一个趋向结构用于不同的语境，也会产生不同的意义。这一点是我们在教学中应该向学生强调的。

27. "拿去"还是"拿走"？

"拿去"和"拿走"，即"V去"和"V走"的说法在现代汉语中都存在，与它们相对应的结构是"V来"。比如：

（1）a. 这本书我不看了，你拿去吧。

b. 这本书我不看了，你拿走吧。

c. 这本书是他给我拿来的。

我们在教学中通常会强调"V来"与"V去"在意义上的相对性，但上述语言事实告诉我们，"V来"与"V去"在意义上并不是完全相对的。

一、"V来"与"V去"的不对称

"V来"与"V去"并不完全对称。陆俭明（2002）提到，带施事宾语时，趋向补语只限于由"来"充任，似不能由"去"充任。比如，我们可以说"飞来（了）一只苍蝇、飞（了）一只苍蝇来"，但不能说"飞去（了）一只苍蝇、飞（了）一只苍蝇去"。王丽彩（2005）也提到过同样的问题。

"来"和"去"使用上不对称的情况在施事主语句中同样存在，比如王凤兰（2004）所举的偏误句"他以前住在我们宿舍，后来搬去了"。刘月华（1980）也提到过同样的问题："昨天我去看一个朋友，他书架上有很多很有意思的书，我出去的时候，带去了几本"，其中的"带去"不适用，但可以用"带走"，改为"……我离开的时候，带走了几本"。

另外，在隐现句中，"来"和"去"的使用也存在不对称的情况。陈贤（2007）注意到，从逻辑上讲，隐现句表示"消失"的时候可以用"去"，但实际上一般不用"去"。不仅如此，我们还观察到"去"有时也可以表示"出现"，比如"他们教室里搬来了一台电视"和"他们教室里搬去了一台电视"这两个句子基本上是同义的，都表达事物的出现。

"来"和"去"使用上的不对称，与"去"和"走"的分工有关。因为与"来"相对的概念有一部分逐渐被"走"接替了，所以很多逻辑上可以用"去"的实际上却不用。与"V来"相对应的结构有两个——"V去"和"V走"，上文中提到的问题句将"V去"改为"V走"后都可以成立。经过对历时语料的考察，我们发现"V走"结构是在清代才开始形成的。在元明时期的语料中，尚无一例"V走"结构，"V来、V去、V走"三者的使用比例为274∶252∶0；在清代语料中，三者的比例变成了388∶326∶5；在老舍作品中，三者的比例为109∶116∶40；在王朔作品中，三者的比例为9∶3∶10。可见，随着语言的演变和发展，"V走"的使用比例逐渐增加，简单趋向范畴已由"来、去"对峙变成了"来、去、走"三足鼎立。

二、"V去"与"V走"的分工

"V去"和"V走"都是现代汉语中的常见结构。语料显示，两种结构有时可以互换，有时又存在显著区别，不可互换。

"去"和"走"作为补语都能补充说明人或事物的位置变化。在下面的句子中，二者可以彼此替换。

（2）衣架上的衣服一个小姑娘买去了。

→衣架上的衣服一个小姑娘买走了。

上例中"V去"和"V走"的共同点在于，二者都表达离开和位移义。

"走"表示"离开"的意思，即人或事物通过动作离开了原来的位置；至于离开后的去向，说话人不知道或不关心，"V走"所在的句中一般也不体现。大量语料表明，含"V走"结构的句子中通常不出现处所宾语，这正体现了"V走"结构[－目标]义的特点[①]。比如：

（3）他们家早就搬走了，你怎么还不知道呢？

（4）妈妈把窗前那群吵吵闹闹的孩子赶走了。

（5）警察赶到现场时，那个作案的人早已逃走了。

"去"也表示"离开"的意思，即人或事物通过动作离开立足点向另一处所趋近，也就是从甲立足点向乙立足点，朝向远离说话人的方向转移，但转移的终点可从上下文中找到。"V去"强调人或事物从一处向另一处转移的过程，所在句子内部应该有指明目标的处所词语，或语境中暗含[＋目标]义，否则句子的合格度就降低了。比如：

（6）他被公司派去北京工作了。

（7）我辛辛苦苦赚的两万块钱就这样被他骗去了。

（8）最后一本书被一个中学生买去了。

[①] 范立珂（2012）、王凤兰（2004）等也提到了这一点。

(9)把菜端去。

在例（6）中，"他"转移到了北京；在例（7）中，钱从"我"这儿转移到了"他"那儿；在例（8）中，"最后一本书"从书店转移到了"一个中学生"那儿；例（9）中虽然没有出现"菜"被转移的终点，但这个终点是存在于说话人与听话人共同的认知背景中的，听话人通过上下文或语境是可以判断出来的。

[±目标]是"V走"和"V去"的根本区别。比如："赶紧把东西拿走"，只是表示说话人让听话人把东西拿离现在所处的位置，至于拿到哪里，说话人并不关心；"赶紧把东西拿去"，句中虽未出现位移的终点，但听话人通过前后对话或说话人的示意即可明确把东西转移到哪里。

如果句中不出现位移的终点，而且从上下文中也判断不出来，那就不能用"去"。比如以下几个偏误句：

（10）*他以前住在我们宿舍，后来搬去了。

（11）*从树上飞去了一只鸟。

（12）*我到那儿的时候，车已经开去了。

（13）*自行车放在这儿太碍事，快推去。

这四个例句中都没有出现位移的终点，说明它不是说话人表述的重点，也不是说话人所关心的，所以句中不能用"去"。

回到例（2），两句中的"去"和"走"虽然可以彼此替换，但意义仍有差异："衣架上的衣服一个小姑娘买去了"表示经过买卖，衣服的所有权从原来的商贩手里转移到了小姑娘手里，此时句子暗含目标义；"衣架上的衣服一个小姑娘买走了"则是强调经过买卖，衣服已发生远离商贩位置的位移。

虽然"V走"中"走"的趋向补语身份仍然存在争议[①]，但在趋向补语教学中，我们不能对"V走"弃之不顾，否则汉语学习者会自动将"V来"与"V去"作为完全对称的结构进行理解，进而在语言表达中出现偏误。

[①] "走"到底是趋向补语还是结果补语，学界尚有争议。在通行的对外汉语教材中，我们一般不将"走"列为趋向补语，但王国栓（2005）明确将"走"作为趋向补语处理，范立珂（2012）、王凤兰（2004）等也倾向于将"走"视为趋向补语。

第六部分 形近结构的功能辨析

28. "举手""举起手来"与"把手举起来"有什么不同?

"举手""举起手来"与"把手举起来"三种结构所表达的意义基本一致,那么在使用中,这三种结构又会表现出什么样的差异呢?

一、肢体上移的表达方式

在现代汉语中,表达肢体某一部分向上的位移时,我们可以采用以下几种不同的表达方式,参见表28-1。

表28-1 现代汉语中肢体上移的表达方式一览表

VO	V起来O	V起O来	把OV起来
举手	举起来一只手	举起手来	把手举起来
抬头	/	抬起头来	把头抬起来
抬胳膊	抬起来一只胳膊	抬起胳膊来	把胳膊抬起来
抬脚	抬起来一只脚	抬起脚来	把脚抬起来

在第10问中,我们曾提到非处所宾语与复合趋向补语的位置关系有四种,即:

A: $V + C_1 + C_2 + O$ 拿出来一本书

B: $V + C_1 + O + C_2$ 拿出一本书来

C: $V + O + C_1 + C_2$ 拿一本书出来

D: 把 $+ O + V + C_1 + C_2$ 把书拿出来

与这四种结构相比，本问考察的表达肢体上移的结构缺少C类，比如我们不能说"举手起来、抬头起来、抬胳膊起来、抬脚起来"；同时，A类结构的使用也是受限的，只有当肢体名词前可以用数量词时，A类结构才成立。

表达肢体上移的结构缺少C类是可以理解的，因为C类表达了两个分离且相连的动作，如："拿一本书出来"="拿一本书"+"出来"。但在表达肢体上移的结构中，由于动词"抬、举"等本身具有位移义，其在作用于宾语的同时也表明了"起来"的方向，所以该类语义只能编码为一个动词，不可能分解为两个相连的动词进行表达。

同时，由于动词"抬、举"等本身具有位移义，所以表达肢体上移的结构还多了一种表达方式，即"举手、抬头、抬胳膊、抬脚"类。这类结构不借助趋向补语就可以表达位移义。

二、"举手""举起手来"与"把手举起来"

在表达手向上位移的意义时，我们可以说"举手""举起手来"，也可以说"把手举起来"（由于A类结构对宾语的限制，本问暂不考察"举起来一只手"类结构）。那么，这三种结构又有什么不同呢？

我们在相同的语料范围内对三种结构进行了全面检索，共检索出57例"举手"的用例[①]，31例"举起手来"的用例，1例"把手举起来"的用例。扩大语料检索范围后，又检索到10例"把手举起来"的用例。我们对这些结构的使用情况进行了分析和统计，结果参见表28-2。

表28-2 "举手""举起手来"与"把手举起来"三种结构的使用情况统计表

单位：例

结构	连动句	松散的连动句	条件前句	谓语（祈使句）	共计
举手	42	0	3	12（4）	57
举起手来	10	8	0	13（5）	31
把手举起来	0	1	0	9（9）	10

---

① 统计中排除了"举手投足、举手之劳、举手之间"等固定用法。

由表28-2可以看出,"举手"类结构多用于连动句的前动词结构,其中包括一部分联合结构。比如:

(1)他见大门紧闭,迟疑了一下,就举手敲门。

(2)会议上通过举手、投票等方式做出决定。

"举起手来"类结构也有相当的比例用于连动句的前动词结构,其与后动词结构的关系更加松散,其后甚至可以加上停顿。比如:

(3)他于是举起手来,向墙壁轻轻敲了一下,用耳朵贴墙仔细听听。

"把手举起来"类结构只有1例用于连动句,其他9例均用作谓语且全部出现在祈使句中。值得注意的是,"举手""举起手来"和"把手举起来"三种结构都可以出现在祈使句中,但语气有所不同。比如:

(4)现在我们来表决,赞成的举手……

(5)"不许动!举起手来!"背后一声低沉的呵斥。

(6)现在就是给个机会,识时务的趁早乖乖地把手举起来……

"举手"类结构的4例祈使句都是表达说话人请听话人举手表决之义,语气舒缓,不具备强迫性。"举起手来"类结构的5例祈使句中有4例是用于敌我矛盾,语气急迫,强迫意味较强,多用于突袭的状况。"把手举起来"类结构的9例祈使句中有5例用于敌我矛盾,语气较为舒缓,但强迫意味较强,多用于说话人已占据主动的状况下。

这三种结构用于祈使句之所以表现出这样的差异,我们认为原因如下:"举手"类结构常用于连动句的前动词结构,而在连动句中,与后动词结构相比,前动词结构往往不是句子的语义重心,只是为后面的动作提供条件、方式等背景信息,所以听话人在听到"举手"类结构后,会期待后面焦点信息的出现。如果将其用于敌我矛盾,就难以表达出说话人坚定的命令式语气。"举起手来"与"把手举起来"相比,结构更为简单,音节也更简洁,更适用于紧迫的状况。

总之,"举手""举起手来"与"把手举起来"三种结构表达的语义基本一致,但在用法上存在比较大的差异。

29. "去买菜"与"买菜去"有什么不同?

"去买菜（去VP）"与"买菜去（VP去）"意思相近，只是结构不同。"去买菜"是连谓结构，"去"和"买菜"之间是连动关系。"买菜去"则有两解：既可以分析为连谓结构，"买菜"和"去"之间是连动关系；也可以认为"去"是"买"的趋向补语。

"去VP"与"VP去"，两个结构成分相同，意义相近。有意思的是，现代汉语中还存在"去VP去"的结构，比如"去买菜去""去上班去"。这就容易给初学汉语的外国留学生一种错觉，让他们以为"去VP"与"VP去"可以随意换着说，他们甚至会以此为依据进行错误的类推，说出一些不合汉语语法规范的句子。比如：

（1）*我练了一会儿钢琴去。

　　→我去练了一会儿钢琴。

（2）——安娜呢？

　　——a.*安娜去上街了。

　　——b.安娜上街去了。

（3）？走，去打球！

　　→走，打球去！

（4）*请你把窗户打开去。

　　→请你去把窗户打开。

从上述问题句可以看出，"去VP"和"VP去"显然是不可以随意替换的。那么，这两个结构到底存在什么差异呢？

一、"去VP"与"VP去"的语义差异

我们认为，"去VP"与"VP去"中的"去"是不一样的。以"去买菜"和"买菜去"为例，前者可以扩展为"去菜市场买菜"，后者却不能做这样的扩展。很显然，"去VP"中"去"的作用是提供"买菜"这一事件发生的场所信

息，而"VP去"中的"去"并不具有同样的功能，它的作用是表达主体对"买菜"这一事件的执行。"去"的执行义决定于其词汇意义。"去"本来是一个趋向动词，表达位移，而位移是事件执行过程中的"必经之路"，此处的"去"已经由趋向义转喻为事件执行的整个过程。

"去"在两个结构中的功能差异，决定了它们语义结构的不同。"去VP"的语义结构是"场所 + 目的"，而"VP去"的语义结构则是"目的 + 执行"。这两种语义结构都符合句法的时间顺序原则，因为场所的确定在目的之前，而目的的确定在事件执行之前。正因为两个结构中"去"的功能存在差异，所以才会出现"去VP去"这样一种表达"场所 + 目的 + 执行"的语义结构。

二、祈使句和意愿句中的"去VP"与"VP去"

由于"VP去"表达的是"目的 + 执行"的语义结构，因而它必然会更多地用于祈使句和意愿句。我们在北京大学中国语言学研究中心CCL语料库6000万字的当代文学语料中穷尽式地检索了"去做饭 / 做饭去、去上班 / 上班去、去买菜 / 买菜去"三组结构，并统计了它们在祈使句和意愿句中的使用比例，参见表29-1。

表29-1　"去VP"与"VP去"在祈使句和意愿句中的使用比例统计表

单位：例

结构	祈使句	意愿句
去做饭	4	8
做饭去	11	17
去上班	5	3
上班去	15	24
去买菜	2	5
买菜去	3	2

在动词一致的情况下，相比"去VP"，"VP去"更多地用于祈使句[1]和意

---

[1] 王珏（2019）将"VP去"中的"去"归为建议语气词。

愿句。"做饭去"与"去做饭"用于祈使句的比例是11∶4，用于意愿句的比例是17∶8；"上班去"与"去上班"用于祈使句的比例是15∶5，用于意愿句的比例是24∶3；但"买菜去"与"去买菜"略有不同，二者用于祈使句的比例是3∶2，用于意愿句的比例是2∶5。对比下面的祈使句：

（5）（哥哥对妹妹）怎么才回来？快帮爸爸<u>做饭去</u>。

（6）（儿媳对公公）哎爸，要不这么着吧，您<u>去做饭</u>，我辅导她。

（7）（女朋友对男朋友）你们家的公司要真垮了，你还不赶快找份工作好好<u>上班去</u>。

（8）（儿子对妈妈）真的，妈，我没事，你<u>去上班</u>吧。

（9）（姐姐对妹妹）不要废话，赶紧<u>买菜去</u>。

（10）（主人对保姆）明天，还是同样的时间、同样的地点，你还<u>去买菜</u>。

即便两个结构都可以用于祈使句，句子的语气也有所差异。具体来说，"VP去"比"去VP"具有更强的驱使义和责任义，因而多用在上对下的人际关系中，比如例（5）的"做饭去"是哥哥对妹妹说的，例（7）的"上班去"是强势的女朋友对男朋友说的，例（9）的"买菜去"是姐姐对妹妹说的；同理，"去VP"多用在下对上的人际关系中，比如例（6）的"去做饭"是儿媳对公公说的，例（8）的"去上班"是儿子对妈妈说的，只有例（10）例外，"去买菜"是上对下（主人对保姆）说的。再如下面这个典型例句，句中连续用了四个含"VP去"的祈使句，说话人和听话人之间是很确定的上对下关系。

（11）好啦好啦好啦，都不要开玩笑了。你，该上班上班去；你，该开会开会去；你，该睡觉睡觉去；你，该干什么干什么去……

同样，当"VP去"用于意愿句时，说话人的语气会带有较强的义务感，因而会表达出向对方示好的感情倾向。比较下面的例句：

（12）哎呀！我这一觉睡过头了，这就给你们<u>做饭去</u>。

（13）爷爷，你忙着，俺给你<u>做饭去</u>。

（14）考试前这几天你就好好在这儿待着，管好你自己的事情，比什么都强……好了，你复习吧，我<u>去做饭</u>。

例（12）的说话人带有歉意，例（13）的说话人带有讨好对方的目的，这两例中都用了"做饭去"。例（14）则是哥哥在训斥妹妹，训斥完后交代自己准备"去做饭"。

三、陈述句中的"去VP"与"VP去"

"去VP"与"VP去"也有相当的比例用于陈述句。同样，在陈述句中，二者也表现出很大的差异。

1. 程序性与非程序性

"去VP"表现出程序性的特点，即具有常规性；而"VP去"常常表现出非程序性的意外之义。比如：

（15）宜欣告诉他今天她有一个希望和设想。希望像一般的夫妻那样过一天，设想是早上去买菜，回来做饭做菜收拾房间然后吃饭喝点儿酒……然后午休，然后上街逛逛然后晚餐，然后看电视，谁想看哪一个台都可以抢着按钮。

（16）到了老高的烩面馆，老高不在，买菜去了……

程序性的特点使得"去VP"常常与"每天、天天、常常"等表达规律性事件的词语连用。比如下例中的"每天"：

（17）她每天一早就去买菜，买菜回来的路上，打一缸淡豆浆，回到家里，慢慢享用。

当程序被打乱，也就是应当发生的事没有发生的时候，我们通常会以"去VP"与否定词共现的方式来表达，很少会用"VP去"结构。比如：

（18）沉到中午，李师傅也没去做饭，低头出了屋门。

（19）按说小林老婆在这方面还算开通，一开始来人不说什么，后来多了，成了常事，成了日常工作，人家就受不了，来了客人就脸色不好，也不去买菜，也不去下厨房。小林虽然怪老婆不给自己面子，但人家生气得也有道理，两人如倒个个儿，小林也会不高兴。

2. 具体事件与抽象事件

"VP去"表达的是"目的＋执行"的语义结构，"去"的执行义使"VP去"结构更倾向于表达某一具体事件；而"去VP"表达的是"场所＋目的"的语义结构，"去"的场所义使"去VP"结构既可以表达某一具体事件，也可以表达某类抽象事件。比如：

（20）当时白玉强<u>上学去</u>了，姥姥下楼<u>买菜去</u>了——姥姥先回的家，一看傻眼了……

（21）你还傻站着干吗？还不快<u>去上学</u>？该迟到了。

（22）从这一天起，他打定主意还是回老家的学校<u>去上学</u>，但是不能这样走，要报仇。

例（20）的"上学去"指的是某一次去学校学习的事件，例（21）的"去上学"也表示某一次去学校学习的事件，但例（22）的"去上学"则不指某次具体事件，而是表达从事一种职业。再如：

（23）做饭的那个小孩儿，他离开队伍<u>去做饭</u>了！

（24）杨某被调出机关到市直机关幼儿园<u>去上班</u>，李真也因为所谓的不注意影响问题，被免去副组长的职务，下放到宣化县一个偏僻的农村小镇<u>去下乡支教</u>。

例（23）的"去做饭"不是指某一次做饭，而是指从事"做饭"这一职业，即当厨师；例（24）的"去上班"和"去下乡支教"也都不指某一次具体的事件，而是指职业的改变。

总之，"去VP"与"VP去"虽然在语义上非常相近，但仍然存在很多功能上的差异。比如：在祈使句中，"VP去"体现出更强的驱使义和责任义；在意愿句中，"VP去"体现出更强的义务感；在陈述句中，"去VP"表现出程序性的特点，"VP去"表现出具体事件的表达倾向。

这两个结构在形式上非常相近，为了使学习者明白二者在使用上的细微差异，教师应该尽量使用"最小差异对"（赵金铭，2002）例句进行对比讲解，即采用只有这一点不同而其余全部相同的句子进行示例说明，这样才便于学习者有针对性地理解"去VP"与"VP去"的使用差异。

30. "拉他进来"与"把他拉进来"有什么不同？

"拉他进来"与"把他拉进来"两个结构形式相近，语义在特定情境下相通，都可以表示通过"拉"的动作，实现使"他"进来的位移。对汉语学习者来说，这是两个易混淆的结构。由于"把他拉进来"这一结构中包含了两个汉语特有的表达形式——"把"字句和趋向补语，因而该结构是汉语学习者语言输出时经常回避使用的结构形式。我们有必要对"$V_{处置}$ + N + $V_{上}$ + 来/去（拉他进来）"[①]和"把 + N + $V_{处置}$ + $V_{上}$ + 来/去（把他拉进来）"两个结构的用法进行区分。

一、两个结构对事件的不同编码方式

两个结构的不同首先体现在对事件的不同编码方式上。"拉他进来"和"把他拉进来"都包含动词"拉"和"进来"，但是两个动词之间的距离不同：在"拉他进来"中，两个动词被"他"隔开了；而在"把他拉进来"中，两个动词是紧紧相连的。在认知语言学中，有一种理论认为句子成分之间的距离体现的是概念距离，成分之间距离近的，概念距离也近，我们称之为"距离象似性"。这两个结构虽然都存在"拉"和"进来"两个动作，但"把他拉进来"是将两个动作处理为一个事件（"拉进来"）进行表达，而"拉他进来"则是将两个动作处理成两个事件（"拉他"和"进来"）分别进行表达。

"（你）拉他进来"可以表达两种意思：第一种是"你拉他 + 你们都进来"，这时句子可以变换为"（你）拉着他进来"；第二种是"你拉他 + 他进来"，这时"你进来"是否发生并不受关注。"（你）把他拉进来"则只能表达第二种意思，即"你拉他 + 他进来"。再如，"拿衣服出来"可以表达"人拿衣服 + 人和衣服都出来"，也可以表达"人拿衣服 + 衣服出来"；而"把衣服拿出来"只能表达"人拿衣服 + 衣服出来"。比如下面的例句：

（1）关淳带我出去走走，吹吹夜风乘乘凉。在路上，关淳给我买了一支奶

---

① "$V_{处置}$"即第3问中所说的处置义动词，如"拿、提、举、送、抬、搬、挂、扶、弄、拉、推、放"等；"$V_{上}$"即第2问中所说的"上"类趋向补语，即"上、下、进、出、过、回、起"。

油雪糕。

（2）求你了，你<u>带我出去</u>吧，我已经戒了。我向你保证，我保证再也不吸毒了。

（3）你们<u>把我带出去</u>，因为皇阿玛不许我出去！

例（1）和例（2）都是"V_{处置}＋N＋V_上＋来/去"类结构。例（1）的"带我出去"表达的是第一种意思，即"他带我＋我们都出去"；例（2）的"带我出去"表达的是第二种意思，即"你带我＋我出去"。例（3）是"把＋N＋V_{处置}＋V_上＋来/去"类结构，表达第二种意思，即"你们带我＋我出去"。

二、两个结构对语篇连贯性的要求

两个结构的选用还取决于其对语篇衔接性和连贯性的要求。

如果在上下文中，话题是该结构中动词的施事，那就应该选用"拉他进来"类结构；如果话题是该结构中动词的受事，那则应该选用"把他拉进来"类结构。比如：

（4）——她不在家吗？

——刚才<u>带孩子出去</u>了。

（5）珍哥儿，你好好对待他，你<u>把他带出去</u>，哄着他，给他一些钱买果子吃。

在例（4）中，动词施事"她"是当前被关注的对象，是话题，所以表达时选用了"V_{处置}＋N＋V_上＋来/去"类结构；在例（5）中，动词受事"他"是当前的话题，所以表达时选用了"把＋N＋V_{处置}＋V_上＋来/去"类结构。

三、两个结构中宾语的特点

动词宾语的不同形式特征，也决定了对两个结构的选用。

首先，"把他拉进来"类结构凸显对受事的关注，而被关注的一般都是已经出现且有明确所指的。另外，"把"字句本身对宾语的所指也有有定性的要求。所以，在"把＋N＋V_{处置}＋V_上＋来/去"类结构中，"N"通常是有定名词。而"V_{处置}＋N＋V_上＋来/去"类结构就没有这样的要求，"N"可以是有定的，也可以是无定的。对比下面的例句：

（6）你不给他钱，他先不愿意，他哪里还能<u>拿钱出来</u>呢？

（7）查票了，旅客们把票拿出来，查票！

在例（6）和例（7）中，"拿"的宾语都是光杆儿名词，但这两个光杆儿名词的有定性特征是不同的。具体来说，例（6）的"钱"是无定的，指任意的哪部分钱；例（7）的"票"则是有定的，指旅客们拿着上车的那张票，列车员和旅客都明确知道是哪张票。如果将例（6）的"拿钱出来"改为"把钱拿出来"，那其中的"钱"就是特指某一笔钱，而这一笔钱应该是说话人和听话人都明确知道的。再如：

（8）但是走了十几步，心里忽然想到，在家门口，我怕什么，回家去叫一个人出来，他们自然吓跑了。

（9）瑞宣偷偷地把皮袍子送到典当铺去，给病人买了几只母鸡，专为熬汤喝。他不晓得到冬天能否把皮袍赎出来，但是为了钱先生的恢复康健，就是冬天没有皮袍穿，他也甘心乐意。

例（8）中的"一个人"是无定的；例（9）中的"皮袍"是有定的，指上文中瑞宣送到典当铺的那件。当然，"$V_{处置}$+N+$V_上$+来/去"类结构中的宾语也可以是有定的，比如：

（10）别带花儿出去啊，外面下雾了，路太滑！

其次，由于结构的限制，"$V_{处置}$+N+$V_上$+来/去"类结构中的"N"通常音节比较短，否则就容易割裂前后联系，让听话人产生理解上的困难；但是在"把+N+$V_{处置}$+$V_上$+来/去"类结构中，"N"可以是音节较长的，因为"把"是宾语标记，即便宾语音节较长，也不会让听话上产生理解上的困难。比如：

（11）他把里间屋里一把破藤子躺椅拉了出来。

上例中的宾语为"里间屋里一把破藤子躺椅"，音节较长。该例中的结构就不能用另一种结构替代，我们通常不会说"拉了里间屋里一把破藤子躺椅出来"。

总之，"拉他进来"与"把他拉进来"在语义编码、语篇连贯性及宾语形式等方面均存在差异。在汉语教学中，教师应在适当的时候交代清楚二者的不同，以避免学习者使用时出现偏误。另外，由于"把"字句在语义和结构上具有特殊要求，教师在教学中也需要多加关注。

31. "吃上了"与"开始吃"有什么不同?

一、"V上"与"开始V"

在现代汉语中,趋向补语"上"除了可以表达趋向义外,还可以表达结果义和起始义。分别如下例:

(1)当我走上讲台,掌声响起来……

(2)听说最好吃的东西是"佛跳墙",可惜没吃上……

(3)金秀回到家,全家人都已经在餐厅里吃上饭了。

关于"上"的起始义,大部分汉语教材及语法参考书中并没有对其语用特点进行特别的介绍,比如《实用现代汉语语法》中只是解释它"表示动作或状态的开始"。若我们据此进行教学,那很可能会使学生认为"V上"与"开始V"在意义上是完全相同的。但是,事实并非如此。比如,我们可以在不影响基本语义的前提下把例(3)改为"金秀回到家,全家人都已经在餐厅里开始吃饭了",但例(4)中的"开始V"就不能改用"V上"表达。

(4)天黑了,开始吃饭。两个孩子躲在灯影的暗处,看不大清眉眼。

再如例(5)~(8)中,"V上"可以改为"开始V",而"开始V"却不能改为"V上"。当然,也有少量"V上"不能改为"开始V"的例子,比如例(9)。

(5)樊胜美:你都吃上啦?

曲筱绡:我还以为你不来了呢。

(6)他的眼睛死死盯住坐在墙角那张桌子上的两个人,这两个人怎么已经狼吞虎咽地吃上了?

(7)拿到饭后,马上就开始吃,吃得很快。

(8)段玉也坐下来,开始吃包子,喝酒。

(9)哟!你们这一大早吃上满汉全席了!

两种结构之间的变换使用情况说明,"开始V"的使用范围比"V上"要广。一个有力的证据是二者在使用频率上的差异。我们在140万字的王朔小说语料中全面检索"V上"与"开始V"的例句，统计结果显示，二者分别出现了11例和246例。我们进一步扩大语料范围，分别检索了北京大学中国语言学研究中心CCL语料库和北京语言大学北京口语语料库近1000万字的当代文学和当代口语语料，并转写了11部电视剧的语料，最终也仅仅得到248例的"V上"用例。可以推测，"V上"的语用条件限制了其结构的使用。在汉语作为第二语言语法教学中，教师研究并交代清楚"V上"的语用特点将有助于汉语学习者准确掌握这一语言点。

二、"V上"的意外之始

语料考察发现，"V上"普遍包含意外义。统计结果表明，在248例"V上"用例中，有241例含有意外义。所谓意外，是指事实出乎言者的预期。这种预期可以是基于个体心理期望形成的，也可以是基于社会规范形成的。前者如言者希望对方休息，但对方"又干上活了"，该行为使言者感到意外；后者如情侣在大街上就"搂抱上了"，情侣的行为违反了社会规范而使言者感到意外。在所有语料中，这两种意外前者多于后者，比例是181：60。分别如下例：

（10）（张大民和张二民吵架）母亲说怎么了怎么又掐上了！

（11）净听说小秘傍大款，这回你一大老爷们也傍上大款啦！

情态副词"居然、竟然"用于表达事态的发展出乎说话人意料之外（杉村博文，1998），可以作为检验句子是否含意外义的标准。上面两例都可以在"V上"前加上"居然、竟然"而基本不改变句义。另外，共现副词也可以验证意外义的存在。语料中"V上"前带有副词"就、又、还、也、都、已、倒、却、可、还是"的有172例，如例（10）和例（11），这些副词大多可以表达情况的意外出现。

指出主体行为意外性的过程，其实就是对主体行为的性质进行认定的过程。这也就决定了"V上"结构具有较强的评论性特点。评论性与意外性有比较直接的关联。一般来说，意料中的行为很难引起人们的特别关注，而意外的行为表现则很容易招致关注，并引发人们对其性质或相关事件的判断与猜测。语料中"V上"结构带有评论性的共有224例。比如下例，爸爸将奶奶的言语定性为"八卦"。

（12）奶奶：那林佳—她到底是你跟谁的孩子呀？

　　　爸爸：妈，您怎么也八卦上了？

"V上"还表现出极强的否定性，比如上例。否定性与意外性也是直接相关的。一般来说，意料中的行为通常符合预期，因而是正向积极的，不会引发言者的负面情绪；而意外行为则常会因为某些方面不恰当，招致言者的否定与不满。可以说，否定性是由意外性引发的[①]。

（13）说你胖还就喘上了。

（14）他还立上什么遗嘱了，立了也没用！

"V+结果"通常表达实现了心理预期目标（张旺熹，1999）。当结果出现，也就是预期目标达成的时候，人们对事件的关注一般也就随之结束。但如果该结果与预期目标相反，那人们的关注点就会从结果是否实现转移到结果所带来的影响上，即开始关注其所引发的新状态。这时，"V上"作为关键节点，既标志了前一状态的结束，也标志了后一状态的开始，这为其起始义的出现提供了可能。"V上"起始义的产生源于行为结果的意外性所引发的对后续状态的关注。在演变过程中，意外义起到了关键作用。

"V上"表达新状态的意外之始，意外义使结构获得了评论性和否定性的特点，间接又影响到了结构的分布和句法特征。

三、"开始V"的顺承之始

通过语料分析，我们发现"开始V"大多表达事件和状态的程序性开始或顺承性开始。比如：

（15）菜陆续上来，父子俩开始吃起来。

（16）但他身上那种……的本能开始蠢动了，几乎是身不由己地像拔了瓶塞子的酒精开始发挥。

（17）服务员很快上齐了冷拼，又开始一道道传热炒。

例（15）的"上菜—吃菜"、例（16）的"拔塞子—酒精发挥"、例（17）

[①] 杉村博文（2006）认为，被动句的"负面事件"义是由"意外事件"义扩展出来的一种引申义，这证明否定性与意外性之间具有较为普遍的关联。

的"上冷拼—上热炒"都是接近程序性的连续动作,"开始V"在其中表达的是一种顺承关系。

"开始V"的程序性或顺承性与"V上"的意外性形成了对立。例(3)、(5)、(6)中的"V上"虽然都可以转换成"开始V",但转换后其语用意义会发生微妙的变化,其中的意外之义将被冲淡。例(9)中的"V上"不能转换成"开始V"的原因是,"一大早吃满汉全席"这种特别事件的意外性是不可消除的。而在例(4)、(7)、(8)中,"开始V"不能转换成"V上",是因为前后文所表达的动作行为的顺承性不与意外义兼容。

"开始V"与"V上"的意义对立似乎也存在灰色地带:在回忆性的陈述中,即便是表达当时看来具有意外性的行为或状态之始也多用"开始V"。比如:

(18)就是从那时起,我们院孩子<u>开始</u>和海军的孩子<u>打群架</u>。

(19)好像从那时起我们<u>开始玩烟盒</u>,到处去捡空烟盒……后来<u>开始进行武装</u>。大孩手拿钳子到处去剪人家晾衣服的铁丝……

这很容易理解。时隔多年,回首往事,每一件事的发生都像是事先安排好的,使我们一步一步走到了今天。因而,过去发生的每一件事都不再具有意外之义。

"V上"表达的起始具有意外性,意外性带来了否定性,否定性又带来了评论性。所以,"V上"的语义可以总结为:对动作或状态起始的负面评价。这一点也决定了"V上"常出现在对话语体中。根据我们对语料的考察,"V上"在对话语体中的使用频率是61.7%,远超"开始V"的16.3%。

32. "吃起来"与"开始吃"有什么不同?

趋向补语"起来"用在动词或形容词后,可以表示动作或状态开始并继续,这是"起来"的引申义。在汉语语法教学中,我们通常以"开始V"来解释"V起来"[①],比如我们会告诉学生"吃起来"就是"开始吃"。这样的讲解会造成

---

① 本问中讨论的"开始V"与"V起来"结构,也包括"开始Adj."与"Adj.起来"结构。

学生的困惑:"开始V"和"V起来"完全一样吗?

通过对语料的观察,我们发现这两种结构有时候可以互换,有时候不可以互换。我们先看一下二者可以互换的情况。比如:

(1) 姥姥喂他吃鸡蛋羹时他突然一手指着门哭起来。

→姥姥喂他吃鸡蛋羹时他突然一手指着门开始哭。

(2) 再见了,我还没有走,已经开始想念你们了。

→再见了,我还没有走,已经想念起你们来了。

但是很多情况下,二者不可以互换。比如:

(3) 四川地方多雾,那里的狗不常见日光,每逢日出,狗都叫起来。

→?四川地方多雾,那里的狗不常见日光,每逢日出,狗都开始叫。

(4) 发出五票,收回五票,投票有效,下面我开始唱票啊!

→*发出五票,收回五票,投票有效,下面我唱起票来啊!

一般来说,"V起来"可以替换为"开始V",但"开始V"大多不能替换为"V起来"。从这个角度说,我们在教学中以"开始V"解释"V起来"还算合理。但这同时也说明两种结构并不完全一样,"开始V"的使用范围比"V起来"更广泛,"V起来"的使用受到更多的限制。

两种结构的语用特点很鲜明,"V起来"多用于意料之外的变化[①],"开始V"多用于安排好的、期望中的、计划中的变化。这样的语用差异导致了两种结构的不同表现。

一、两种结构中动词的差异

在"开始V"中,各类动词性成分基本上都可以出现;但是在"V起来"中,有些动词性成分是不可以出现的。这些动词性成分有以下几种:

1. 计划安排类:从事、进行、实行;制造、运营、供应;生产、演出、比赛、交易;拍摄、印刷、飞行、放映、播放、航行、营业;报到、草测;启蒙、上学、工作;换牙、蜕皮、发芽

[①] "V起来"和"V上"都表达意外性的开始,二者的不同在于:"V上"具有明显的负面评价色彩;"V起来"更多地表达当前发生的新情况对原计划的打断,其功能在于陈述而不在于评价。

这些动词所表达的或是行业性事件，比如"制造、运营"；或是计划好的事件，比如"演出、比赛"；或是安排好的事件中的某一环节，比如"拍摄、放映；报到、草测"；或是人的某一社会成长阶段，比如"启蒙、上学"；或是生物体的某一自然成长阶段，比如"换牙、蜕皮"。

另外，"从事、进行、实行"虽然不指代某一具体环节，但其支配的对象都是有计划的。比如，"实行"是指用行动来实现纲领、政策、计划等，"从事"是指投身到事业中去，其中的"纲领、政策、计划、事业"都是事先安排好的。例（4）中的"开始唱票"不能替换为"唱起票来"，就是因为"唱票"是"选举"这个事件中的必经环节，是计划内的，只能用"开始V"，不可以用"V起来"。

有意思的是，有时候同一个动词可用于两种结构，但其表达的语义会有不同。比如，"开始播种"是指到了一定季节，大家都进入"播种"这个农忙阶段；"播起种来"则是指某时某地发生的个人行为，"播种"原本蕴含的计划性、安排性在"V起来"这个结构中被消除了。再如上面提到的"换牙"一词，它出现在"开始V"中，表示某一阶段正常到来；如果一定要出现在"V起来"中，则要给予适当的语境。比如在"别的孩子六岁开始换牙，这孩子四岁就换起牙来了"的语境中，"换牙"的规律性被取消，该词就可以出现在"V起来"结构中了。

2. 变化类：产生、形成、成立、存在、出现；分离、破裂、削减、解冻、融化、脱落、转移、打开；喝醉、敲碎、长出、走出低谷、变得成熟；等等

这些词语都含有变化义，比如"产生"是指从无到有的变化，"分离"是指从合到分的变化，"动词＋结果"类短语亦是如此。变化义中自然包含了起始义，变化的转折点即是新状态的开始点，所以变化义词语不能出现在"V起来"结构中。但变化义词语出现在"开始V"结构中是可以接受的，它可以表达某一变化状态的开始出现。比如在"6~8岁时乳牙开始脱落，换成恒牙"这个句子中，"开始脱落"表示进入变化的阶段。

当然，还有些动词在两种结构中都不可以出现，比如"死、毕业、结婚"这种表示瞬时完成的动词，因为其语义与两种结构所表达的起始义是不兼容的。这类动词也表示变化，但这种变化没有持续性，所以这类动词不可以出现在"开始

V"和"V起来"结构中。

二、两种结构主客观表达的差异

两种结构的不同还体现在主客观表达上。一般来说，"开始V"是一种客观表达，而"V起来"是一种主观表达。相对来说，客观表达的形式是更简单的，主观表达则需要更多主观成分的辅助。我们以《现代汉语词典》（第7版）为考察范围，对两种结构进行了全面检索，共检索到158例"开始V"的用例和84例"V起来"的用例。《现代汉语词典》（第7版）中的用例使用环境单纯，更方便我们考察其中的影响因素。

我们发现，"V起来"的用例中出现了大量的主观表达成分，而"开始V"则相反。"V起来"用例中的主观表达成分有以下几种：

1. 表意外义的词语：不料、倒、居然、都；突然、忽然、立刻、就、登时、顿时；不禁、忍不住、禁不住、不由得、无奈

在这些词语中，有的本身就体现了"V起来"所表达的情况与说话人的期待相反，如"不料、倒、居然"；有的体现了新情况的出现在时间上或速度上与说话人的期待有差异，如"突然、忽然、顿时"；有的体现了新情况的出现与动作主体的本来愿望相左，如"忍不住、禁不住、不由得"。分别如下例：

（5）今天本想出门，不料竟下起雨来。

（6）他正要出去，忽然下起大雨来了。

（7）说到可笑的地方，连他自己也忍不住笑了起来。

我们回到例（3），"每逢日出，狗都叫起来"替换为"狗都开始叫"后可接受度不高，就是因为其中"都"表达该情况与说话人的期待不符。

2. 特殊句式：怎么……、干吗……、一……就……、V着V着……

在这些句式中，"怎么……"和"干吗……"是反问句，反问句本身就表达了新情况与说话人的期待相反，带有否定之义。比如：

（8）人家说着玩儿，你怎么就认起真来了？

（9）你有意见直说，干吗损起人来了？

"一……就……"和"V着V着……"也可以表达意外的意思，其中

"一……就……"表达新情况的出现在时间上或速度上与说话人的期待有差异，"V着V着……"表达新情况的出现出乎意料。比如：

（10）一听说事情弄糟了，他就<u>急躁起来</u>了。

（11）两人说着说着就<u>动起手来</u>了。

3. 摹状类词语：蹦跳、欢呼、暴怒、抓挠、乱腾、争吵、神聊、抖、飘飘然；刮大风、下大雨、满地翻滚、咧开嘴笑、愤怒地吼叫；呵呵地笑、咯咯地笑、噼噼啪啪地鼓掌、刷刷地下雨、稀里哗啦地下雨

"V起来"常常具有很强的形象色彩，这种色彩义或是动词本身带来的，如"蹦跳、欢呼、暴怒"；或是修饰性成分带来的，如"下大雨、满地翻滚"；或是动词前的拟声词带来的，如"咯咯地笑、噼噼啪啪地鼓掌"。对新情况的形象描写也体现了一种主观性。分别举例如下：

（12）听了几句奉承话，他不由得<u>飘飘然起来</u>。

（13）人们愤怒地<u>吼叫起来</u>。

（14）孩子们噼噼啪啪地<u>鼓起掌来</u>。

有时候"开始"和"起来"会用于祈使句，但形式略有差别。"开始"在表达祈使的时候后边不用加动词，比如最常见的"预备！开始！"。这种祈使常见于比赛口令，是由"开始V"的计划性、安排性决定的。"V起来"也常用于祈使句，比如下面的句子：

（15）欢呼吧！歌唱吧！哈哈……<u>唱起来</u>，<u>跳起来</u>，哈哈！

（16）大家抄家伙，<u>练起来</u>！

（17）牛鲜花喘息着高声叫道："来，<u>唱起来</u>！"

"V起来！"具有很强的煽动性。这种煽动性源自说话人的一种预设——希望对方做的事情与对方的期待或意愿相违背。这时，如果让对方按照自己的想法去做的话就需要给对方施加更大的影响，产生更大的煽动力。

"开始V"和"V起来"在使用上有上述种种不同，但在教学中，我们不必将这些差异一一交代给学生，因为越简明的解释越有利于学生理解和记忆。当需要向学生解释时，我们只需提纲挈领地交代清楚二者在"计划性"上的差异，其他种种句法表现上的不同也就迎刃而解了。

33. "唱下去"与"继续唱"有什么不同?

趋向补语"下去"的引申义之一为"表示继续进行某动作或保持某种状态"（刘月华，1998）。在汉语教材中，我们常常把"V下去"的这一引申义直接解释为"表示继续"；同样，在教学中，我们也常将"唱下去"简单解释为"继续唱"。这样的解释会让学生以为"V下去"与"继续V"完全等同。那么，"V下去"与"继续V"在意义上是完全相同的吗？

在实际使用中，"V下去"与"继续V"有非常大的差异。我们在北京大学中国语言学研究中心CCL语料库140万字的王朔小说中共检索到158例"V下去"的语料，与"继续V"（213例）相比，这些用例在使用上有很突出的特点。

一、"V下去"与"继续V"中动词的特点

"下去"前多为动作性弱的动词，如"活、干、做、搞、忍、待、混、瞒、陪、拖、坚持、继续、维持、进行"等。这样的语料有90例。比如：

（1）阿眉的身体越来越糟，再这么搞下去，非停飞不可。

（2）看来，我们的关系不能这么暧昧地拖下去了。

"下去"前也可以出现动作性强的动词，如"看、听、说、唱"，但通常会以可能补语的否定形式出现。比如：

（3）我简直看不下去了，再看非把我气死。

（4）我听人说了这片子棒，就去看了，但没看完，看不下去，一切都那么虚假。

此外，"下去"前不出现动词也可以表示继续的意思，这时"下去"前多有"这样、如此"之类的代词。这种情况的语料有25例。比如：

（5）这也不是缺点，你就这样一直下去吧，但我受不了。

而"继续"后出现的动词通常是动作性较强的。比如：

（6）她绕开我继续往前走，同时好奇地打量我。

（7）我们不说话了，继续看电视。

也偶有动作性不太强的动词，或者不出现动词。比如：

（8）好！不错，不错——<u>继续混</u>吧。

（9）他们对我的批判照样<u>继续</u>，那就只好让它继续了。

我们从上面的例子中可以观察到，受结构的限制，"下去"前的动词除了可以带状语外（该状语也可以理解为修饰"V下去"整个结构），多是光杆儿动词的形式；而"继续"后则可以是各种形式的动词性短语，可以是"状语＋中心语"的形式（如例[6]），也可以是"动词＋宾语"的形式（如例[7]、[10]），还可以是更为复杂的形式（如例[11]）。

（10）"出什么事？没事。"我坐下来<u>继续看法国人勒内·弗洛里奥著的《错案》</u>。

（11）她看了我一眼，没认出我，<u>继续和她的男友说笑着向前走去</u>。

二、"V下去"与"继续V"所表达的命题现实性的不同

"V下去"与"继续V"在使用上的对立可以归结为非现实性与现实性的不同。"现实"指说话人认为相关命题所表达的是现实世界中已经／正在发生或存在的事情，"非现实"指说话人认为相关命题所表达的是可能世界中可能发生或存在的事情。（张雪平，2009）

"继续V"结构多用于陈述句，表达对已经／正在发生的事实的陈述。在我们所考察的213例"继续V"用例中，有198例是对已经／正在发生的事实的陈述。在上文所列的"继续V"例句中，除了例（8）是用于祈使外，其他的都是对事实的陈述。

"V下去"则不同，它具有非现实性的特点。这种结构与否定、假设具有极大的关联。在158例"V下去"用例中，有61例是用于否定性表达，51例是用于假设条件句。这两种情况都是非现实范畴的典型句法表现。比如：

（12）这么<u>打下去</u>咱可就打不出个结果来了，不带这样的。

（13）最后他想自己再不能这么<u>活下去</u>了，要下决心改变自己。

例（12）的"打下去"出现在假设条件句中，例（13）的"活下去"出现在否定句中，二者都不是对某一事实的陈述。

此外，"V下去"也有表达意愿、祈使、虚拟的用法。真正用于事实陈述的，在语料中只出现了4例。比如：

（14）马林生刚想发作，又一想跟警察不能急，便把到嘴边的话咽了回去，继续一副可怜巴巴的样子，<u>软缠下去</u>。

这种用于事实陈述的用法与"继续V"是重合的，也只有在这种情况下，两种结构才可以合并为"继续V下去"。例（14）中就既出现了"继续"，又出现了"下去"。

三、"V下去"与"继续V"的语义差异

在《现代汉语词典》（第7版）中，"继续"与"下去"的相关义项是用来互相释义的，如：

【继续】：（活动）连下去；延长下去；不间断。

【下去】：用在动词后，表示从现在继续到将来。

那么，二者在语义上究竟有什么不同呢？我们认为，"继续"是活动间断后再次开始并持续，"下去"是维持原状态不停止。二者的不同，一是有无间断，二是"活动"与"状态"。

当我们用"继续V"时，动作通常存在事实上的间断或意念上的间断，然后再次开始。比如例（10）的为事实上的间断，例（11）的为意念上的间断。当我们用"V下去"时，状态可能并不存在间断。比如我们可以说"活下去"，其中"活"的状态不可能间断。

"继续"的是"活动"，或者说是行为；"下去"的则是"状态"，而不是某个具体的动作行为。与此相对应，"继续"后多为动作性强的动词，"继续V"表达某一次具体的动作行为。比如：

（15）我们<u>继续往前走</u>，道越发窄了。

有意思的是，有些动作性强的动词出现在"下去"前时，也会通过某些手段使自己状态化。比如下例中的"无休止地"和"无穷尽地"：

（16）买一张票进去可以无休止地<u>看下去</u>。

（17）他说但是一颗鞭炮不可能无穷尽地<u>响下去</u>……

"下去"前可以不出现动词,如"照这样下去、如此下去、再下去就……、不能再这么下去了"。其中,"这样、如此、再、再这么"都具有状态义。

此外,同样表达"事件到达某中间点后还将继续持续"(戴耀晶,1997)的意思,"下去"侧重表达的是延续段,"继续"侧重表达的是接续点。之所以例(16)可以成立,例(16')不成立,就是因为延续段是可以持续的,但接续点不能多次重复出现。

(16')*买一张票进去可以无休止地继续看。

在教学中,我们虽然很难避免用"继续V"解释"V下去",但只要讲清"V下去"与"继续V"在语义和使用上的种种不同,就不会造成学生对两种结构的混淆。同时,我们在教学中还应注意示例和操练中"下去"前动词的典型性,比如本问标题中的"唱",属于动作性较强的动词,不符合"V下去"中"V"的典型性特点,因此"唱下去"不适合作为教学示例展示。

34. 什么情况下用"进房间"类趋向结构?

所谓"进房间"类趋向结构,是指由"上、下、进、出、过、回"等趋向动词充当谓语动词,后面带处所宾语的结构,如"上山、下楼、进门、出教室、过马路、回家"等。在这类结构中,趋向动词充当的是谓语动词而不是补语,所以它通常不在我们的教学范围内。不过,由于该类结构与"走进房间"类趋向结构形式相似,对汉语学习者来说,二者属于易混淆结构,所以我们有必要交代清楚该类结构的功能特点。

一、"进房间"类趋向结构对后续事件的启动

在现实世界中,任何事件都不是单独发生的,而是多个事件相继发生。这些事件所处的地位并不相同,有的是行为主体的主要目的,有的则是对这个目的的准备,如提前交代清楚事件发生的场所、时间或条件等。位移事件常常作为准备性事件出现,因为位移通常不是行为主体的最终目的,行为主体位移至某处后必

然还会有所行动。"进房间"类趋向结构包含了处所因素，方便为后续事件提供场景准备。

在生活中，特定的场所总是与特定的行为或事件相联系，比如上牌桌就是要打牌，进了卧室就是要睡觉，进了饭馆儿就是要吃饭。这些结构化的场景，符合人们对特定对象关系和属性的认识。或者说，这种场景与相应的事件之间存在着理想化的互动关系，这种关系符合理想化认知模式。当"进房间"类趋向结构所提供的场所与后续事件的关系符合理想化认知模式时，人们对后续事件的理解与认知就会变得极为容易；甚至仅仅根据所提供的场所，人们就可以通过已有的认知模式将后续事件完整地构拟出来。这时，出于经济性的考虑，后续事件在表达中就会常常被省略。比如下面的句子：

（1）打牌还能没有输赢？怕输就别<u>上牌桌</u>呀！

"上牌桌"提供了场景信息，但句中并没有对后续事件"打牌"进行表达。虽然如此，但我们也并没有感到任何意义的缺失，因为"牌桌"这个特定场景启动了我们对相应后续事件的联想，即"上牌桌"这个位移起始事件启动了后续主要事件。再如：

（2）孙七，昨天晚上喝了一肚子闷酒，一直到<u>上床</u>还嘱咐自己：明天早早地起！

特定场景"床"同样启动了后续事件"睡觉"。

二、处所宾语与后续事件的性质

处所名词出现在"进房间"类趋向结构中会影响到后续事件的性质，因为特定社会文化背景中的人对某领域的经验具有典型性的理解。在人们的认知经验中，特定场所总是与特定的功能相联系的，比如"家"是休息的地方，"饭馆儿"是吃饭的地方，"单位"是工作的地方。当不同的处所名词出现在"进房间"类趋向结构中时，其后续事件的性质基本上就确定了。比如：

（3）老二假若也还有人心的话，他必会拦阻大嫂<u>进当铺</u>。

（4）这样，纪妈便非<u>下厨房</u>不可了。

下面我们分别来看两类不同的处所名词出现在"进房间"类趋向结构中的情况。

1. 机构类处所名词

机构类处所名词包括服务机构类（如茶馆、旅馆、医院、饭馆儿等）和工作机构类（如工厂、学校、银行、公司等）。包含这两类处所宾语的趋向结构，其后续事件的性质会有所不同。一般来说，进入服务机构类处所的后续事件一般是接受服务，如例（5）的"进了个小茶馆"，其后续事件是喝茶；而进入工作机构类处所的后续事件一般是工作，如例（6）的"进了洋人开的银行"，其后续事件是工作。

（5）他们<u>进了个小茶馆</u>。钱先生要了碗白开水。

（6）继而一想，莫胖子到底有一股子牛劲，不然，他怎能<u>进了洋人开的银行</u>呢……

不过，同一个机构，对不同的人来说，其功能也会有所不同。比如"银行"对银行职员来说是工作机构，进入银行的后续事件是工作；而对存钱的人来说是服务机构，进入银行的后续事件是处理财政问题。比较例（6）的"进银行（工作）"与例（7）的"进银行（存钱）"：

（7）……我们这样的穷庄稼汉，开天辟地头一遭<u>进银行存钱</u>!

对"进房间"类趋向结构中处所宾语功能的不同理解，会影响到后续事件的性质。这可以解释下面说法的不同意义：

他进了北京语言大学：当老师，或者当学生

他进了医院：当大夫，或者去看病

他进了美国使馆：当使馆官员，或者去办事

由于这种机构类处所同时还占据了一定的空间，所以我们对这三例的后续事件还可以有其他不同的理解，比如：

他进了北京语言大学：参观，或者找人

与"进了北京语言大学参观/找人"相比，"进了北京语言大学当老师/学生"表达的是一种抽象的位移事件，而前者表达的则是某一次具体的位移事件。

2. 特殊场所类处所名词

特殊场所类处所名词指的是具有特殊功能的处所，如舞台、运动场、市场、监狱、厨房、教员休息室、战场、牌桌等。由于这类处所的功能具有唯一性，因此包含这类处所宾语的趋向结构其后续事件的性质是基本固定的，结构中用来表达位移路径的趋向动词有时也就变得不那么重要了。同一个处所名词可以出现在不同的趋向动词后表达同样的事件，启动同样性质的后续事件。比如：

（8）……自要一进了厨房，她以为便有可以顶了老刘妈的希望。

（9）天佑太太拦住她，而自己下了厨房。

去"厨房"一般只有一个目的——做饭。因此，不管趋向动词是"进"还是"下"，其后续事件的性质都是固定的。下面四组短语中的处所名词出现在不同的趋向动词后面，仍可以表达同样的概念。

下地狱　　　进地狱　　　入地狱

下集中营　　进集中营

上饭馆儿　　下饭馆儿　　进饭馆儿

上天堂　　　进天堂

特殊场所类处所名词的功能固定性，决定了后续事件的性质唯一性。由于理解上没有歧义，可以完全地启动后续事件，因此后续事件通常可以以零形式进行表达。这时，整体结构的意义大于结构成分意义的相加。当这样的表达形式固化之后，整体结构的意义就很难从字面上推导出来了，因此该结构就逐渐词汇化了。

此类结构词汇化的情况有很多，比如"上台、上场、上市、上阵、上床、上天堂、上山、上报、上朝、上岗、上镜、上门、上网、上座；下船、下地、下凡、下岗、下市、下馆子、下海、下狱、下马、下世、下台、下汤锅、下油锅；进局子、进城、进当铺、进棺材、进狱、进宫、进京、进口、进门、进场；出关、出槽、出场、出阁、出轨、出海、出境、出局、出笼、出栏、出炉、出台、出庭、出席、出院、出诊、出阵；回锅"等等。这些结构已处在不同的词汇化进程中，大多被收入了《现代汉语词典》。

总之，对"进房间"类趋向结构而言，位移事件的表达已经不是最重要的，后续事件的表达反而成为其更重要的功能。

35. 什么情况下用"走进房间"类趋向结构？

"走进房间"类趋向结构是指由"上、下、进、出、过、回"等趋向动词充当简单趋向补语，后面带处所宾语的结构，如"爬上山、走下楼、走进门、跑出教室、穿过马路、跑回家"等。

与"进房间"类趋向结构相比，这类结构多了个表达位移方式的动词做谓语。我们在北京大学中国语言学研究中心CCL语料库当代文学语料中对"走进房间"类趋向结构中的位移方式动词进行观察和统计，发现了一个非常有意思的现象：位移方式动词为"走"的语料几乎占到了40%。"走"只是有生体最无标记、最自然的一种位移方式，似乎应该以不出现为宜，因为它并不能给结构带来更多的概念内容。此外，还有一些低信息量动词在使用中所占的比例也极高，如"爬（上）、跳（下）、穿（过）"，这些动词所表达的位移方式也是自然的和无标记的，相应的表达形式也很多。可见，"走进房间"与"进房间"两类趋向结构的差异并不仅仅体现在位移方式的有无上。

一、两类趋向结构与位移目的的常规性特点

要探究两类趋向结构的差异，就必须提到常规目的位移与非常规目的位移。常规目的位移，指的是行为主体位移至某场景的目的符合人们对该场景功能的通常理解，如进饭馆儿的常规目的是吃饭，上台的常规目的是表演。进入特定场景的常规目的不是唯一的，比如进厨房的常规目的可以是做饭，但也可以是洗菜、洗碗，甚至可以是洗漱、吃饭，这些行为都符合人们对厨房这一场景功能的通常理解，符合人们对主体进厨房以后的行为预期，属于场景与主体之间的固定的规约化互动行为模式。非常规目的位移，是指行为主体位移至某场景的目的不符合人们对该场景功能的通常理解，比如为了看看饭馆儿里的装修或者找人而进入饭馆儿就属于非常规目的的位移。再如，为了找人聊天儿而进入厨房，这种行为的目的也不符合人们对厨房这一场景功能的一般认知，所以同样属于非常规目的位移。

在两类趋向结构中，"进房间"类结构通常指向常规目的位移，而"走进房间"类结构则指向非常规目的位移。请分析下面例子中两类趋向结构所表达的位移目的的不同。

（1）张大民去派出所改户口本儿，半道进厕所小便。小便池的墙上写着——张林是我儿！……直接画了一只四条腿的小王八！

（2）他现在成了大家的敌人。他的生命真正结束了。到了警察局，他走进厕所，决心上吊自杀……

例（1）中张大民进入"厕所"的目的是"小便"，这个目的符合人们对"厕所"这一特殊场所功能的通常理解，因此是一种常规目的位移，选用"进厕所"表达；例（2）中"他"进入"厕所"的目的是"上吊"，这个目的不符合人们对"厕所"这一特殊场所功能的通常理解，因此是一种非常规目的位移，选用"走进厕所"表达。

再如，"床"作为一个特殊场所，其专职功能是睡觉，因此以"睡觉、休息"为目的的"上床"是常规目的位移事件，而以"看书、聊天儿"等为目的的"上床"则是非常规目的位移事件。下面两例就是以"上床"表达常规目的位移事件，以"爬上床"表达非常规目的位移事件。

（3）……你怎么又忘了吃鱼肝油丸就上床睡觉了？

（4）吃完晚饭，我撂下碗又爬上床躺着看书。

二、"走进房间"类趋向结构对事件链的表达

包含"走进房间"类趋向结构的小句常常出现在描写一连串事件的语段中，这是该类结构所在语篇的主要特点，近70%的语料都是如此。比如：

（5）我大声干笑着走进屋里一屁股坐在沙发上，随即又跳起来里外奔跑着找茶杯、茶叶、开水，沏茶拆烟拿糖拿瓜子，不停地寒暄说笑话把更舒服的地方让警察。

"走进屋里"是以下事件链中的一环：走进屋里—坐在沙发上—跳起来—找东西—沏茶—拆烟—拿糖—拿瓜子—寒暄—说笑话—让座。再如：

（6）我连忙擦干眼泪，穿好鞋带，扎紧裤子，灰溜溜地贴着墙根窜出派出所。

"窜出派出所"所在的事件链为：擦干眼泪—穿好鞋带—扎紧裤子—窜出派出所。

出现在关系小句位置的复合背景结构也可以用来表达事件链中的一个环节，比如例（7）中的定语本身就包含一个事件链——走进屋—东张西望，例（8）中定语位置的"跳下车"则与谓语构成了一个事件链——跳下车—用枪指住我—喊。

（7）"嘿嘿，你找谁呀？怎么进屋门都不敲？"吴胖子冲一个<u>走进屋东张西望</u>的老头子说。

（8）最先<u>跳下车</u>的一个年轻的警察可笑地用枪指住我，紧张地喊："不许动！"

三、"走进房间"类趋向结构对目标事件的表达

在实际使用中，"走进房间"类趋向结构还有一个重要的用法，即以虚拟位移的形式表达目标事件的实现。

在现实生活中，人们总是有各种各样的愿望，如考上好大学、找到好工作、了解不同的文化、吃到健康食品、看到好的展览等。这种种美好的愿望是人们奋斗的目标，我们将其称为"目标事件"。

由于实现目标的过程与位移的过程具有结构上的相似性，所以我们常把目标事件隐喻为位移事件。"走进房间"类趋向结构常表达非常规目的位移事件，这类事件由于凸显"目的"，所以与目标事件具有极大的关联，因此"走进房间"类趋向结构也就成为目标事件的首选表达形式。下例中的"打进前八"就是这种用法。

（9）雅典奥运会前有一种说法：如果中国篮球队能够<u>打进前八</u>，就进行改革；如果打不进，改革就要缓一缓。

虚拟位移事件的表达多出现在新闻稿中，其中位移主体和位移背景两个概念成分的位置都可以用来表达追求的目标，因而目标性成分既可以出现在位移主体的位置，也可以出现在位移背景的位置。比如例（10）也可以表达为例（10'）：

（10）让公众和青少年<u>走进研究所</u>，<u>走进科学</u>。

（10'）让研究所<u>走进公众和青少年</u>，让科学<u>走进公众和青少年</u>。

下面这个新闻标题也可以做出相应的调整：

（11）《北大荒农业走进"数字化"》

（11'）《"数字化"走进北大荒农业》

总之，"走进房间"类趋向结构无论在意义的表达上还是在形式的分布上都是特点非常突出的一类。在意义上，"走进房间"类趋向结构与非常规目的位移表达相关，除了真实的位移事件，它还可以表达目标事件的虚拟位移。在形式上，"走进房间"类趋向结构多用于事件链而非单个事件的表达。在教学中明确以上特点，可以帮助学生输出地道的汉语。

36. 什么情况下用"进去"及"走进去"类趋向结构？

"进去"类趋向结构是指由"上、下、进、出、过、回"等趋向动词充当谓语动词，由"来、去"充当简单趋向补语的结构，如"上去、下来、进来、出去、过来、回去"等。"走进去"类趋向结构则是指由"进去"类结构充当复合趋向补语的趋向结构，如"爬上去、走下来、溜进来、跑出去、走过来、跑回去"等。两类趋向结构相比，"走进去"类结构多了个表达位移方式的动词做谓语。不过，我们发现"走进去"类趋向结构中位移方式动词为"走"的用例非常多，我们在上一问中也提到过，"走"作为最无标记的位移方式，它的出现并不会给结构增加多少新的信息。作为最自然、正常且无标记的位移方式，"走"似乎应该以零形式进行表达为宜，那它的频繁出现为结构带来了什么？"走进去"与"进去"两类趋向结构的不同又在哪里？

一、两类趋向结构的使用情况

"进去"类趋向结构大部分用于叙事语体，也有30%的用于对话语体。在使用中，"进去"类趋向结构较少作为主句谓语单用，更多地是出现在连动句的前动词结构、从句及兼语句中。比如：

（1）出去啊？

（2）回来了？

（3）这里危险，快出去！

（4）你过来看看，孩子这是怎么了？

（5）只要她一出来，她便能向东洋人索回一切。

（6）老师叫你进来。

例（1）~（3）是"进去"类趋向结构单独做主句谓语的情况，其中例（1）和例（2）中的"出去、回来"是用于见面打招呼，例（3）中的"出去"是用于祈使。例（4）中的"过来"出现在连动句的前动词结构中，例（5）中的"出来"出现在条件从句中，例（6）中的"进来"出现在兼语句中。总之，"进去"类趋向结构在使用中独立性较弱。

跟"进去"类趋向结构不同，"走进去"类趋向结构大多用于叙事语体，较少用于对话语体，而且大多独立做谓语。比如：

（7）正在这时候，祁老人拉着小顺儿慢慢地走进来。

（8）一个胖胖的家庭妇女拎着个网兜走进来了，接着又走进来个东张西望电器开关推销员似的男人。

例（7）和例（8）中的"走进来"都出现在主句的谓语位置。这类结构不用于打招呼，也较少用于祈使。

二、两类趋向结构的使用特点

1. 独立性的不同

相较而言，"走进去"类趋向结构的独立性较强，而"进去"类趋向结构的独立性较弱。独立性体现在概念与语法地位两个方面。在概念上，"走进去"类趋向结构所表达的事件不依赖其他事件而存在，事件的发生和实现本身就是主体的行动目的；而"进去"类趋向结构所表达的事件往往依赖其他事件而存在。在语法地位上，"走进去"类趋向结构在句中充当的往往是句子的谓语成分，"进去"类趋向结构则不然。比较以下两例：

（9）他还要往下说，可是闭上了嘴。一扭头，他轻快地走出去。

（10）主意拿定，他过去搀住钱诗人。

2. 具体性的不同

"走进去"类趋向结构所包含的位移概念成分多，形式的复杂对应着信息量的增多，事件报道信息的增多又使事件报道更加具体；"进去"类趋向结构相对来说则没有那么具体。

具体性特点比较集中地体现在小句的状语上。"走进去"类趋向结构前通常都会有一个较为复杂的情态状语来描写位移情态，为位移事件提供细节信息。比如：

（11）她<u>急急忙忙走了出来</u>，孩子在她怀里又蹦又跳。

比况短语出现在"走进去"类趋向结构前，可以更为形象、细致地描写位移的情态。比如：

（12）他爬到门洞，<u>一团毛似的滚出去</u>。

与此形成对比的是，"进去"类趋向结构所在的小句中状语较少出现，即使出现，状语的类型也多为表达路径的介词短语，以及表达位移时间、速度、频度的状语；同时状语复杂度比"走进去"类趋向结构简单得多，长度通常仅限于两三个音节，少数为四个音节。比如：

（13）瑞宣<u>赶紧过去</u>，扶住了老人。（表达位移速度的状语）

（14）她<u>时时地过来</u>，给小崔太太倒碗开水，或端过一点粥来……（表达位移频度的状语）

3. 过程性的不同

与"进房间""走进房间"类趋向结构相比，"进去""走进去"类趋向结构都具有一定的结果性，这是由指示成分"来、去"的完结性决定的。不过，"走进去"类趋向结构比"进去"类趋向结构带有更强的过程性。这与其具体性有关，因为细节与过程是相关联的，没有细节就不会有过程，没有过程也不会有细节。相应地，"进去"类趋向结构的过程性则较弱。

"走进去"类趋向结构所在的小句中常常出现"V着"类结构，其中"着"强调动作的进行或状态的持续，是一种表达过程性的标记词。比如：

（15）大家的眼跟着祥子，腿也想动，<u>都搭讪着走出来</u>。

（16）不大的工夫，他<u>走回来</u>，<u>带着</u>一号的日本老太婆。

"进去"类趋向结构常出现在感官动词后充当宾语小句。我们发现，该结构更倾向于出现在表达感官结果的动词后面，这与该结构本身的弱过程性相关。在所有语料中，"（看）见、听见"这类表达感官结果的动词后的"进去"类趋向结构用例有24例，而"看（着）、听"这类表达感官过程的动词后的"进去"类趋向结构用例则仅出现了7例。分别如下：

（17）<u>见</u>高亦陀<u>进来</u>，晓荷作出极镇定而又极恳切的样子，问了声"怎样？"

（18）<u>看</u>瑞丰夫妇由屋里<u>出来</u>，她想一手拉住一个，都把他们拉回屋中。

通常来说，否定句的否定焦点是结果而不是过程。比如"没打碎"否定的是结果"碎"而不是"打"的过程，"别喝醉"否定的也是结果"醉"而不是"喝"的过程。否定句对结果的强调与"进去"类趋向结构相通，而与"走进去"类趋向结构相矛盾。因此，前者出现在否定句中的次数比后者多得多，我们考察的725例"进去"类趋向结构用例中有83例是否定句，而739例"走进去"类趋向结构用例中却只有3例是否定句。比如：

（19）大概有九点钟吧。冠先生还<u>没有回来</u>。

（20）姐丈既是至亲，又是他所最佩服的好友，他<u>不</u>能就这么<u>走出去</u>，绝了交。

例（20）中的"走出去"虽用于否定句，但其否定焦点是位移的方式"这么"，而不是位移的结果"出去"。

总之，"进去"类趋向结构与"走进去"类趋向结构的区别看起来仅仅是位移方式出现与否，意义差别不大，尤其当位移方式为"走"的时候；但其实两类趋向结构在使用分布及使用特点上差别很大。我们在教学中不应满足于让学生明白结构的语义，还应让学生明确不同结构在使用上的特点，这样学生才算是真正掌握了这两类结构。

37. 什么情况下用"进房间去"类趋向结构？

"进房间去"类趋向结构，指在充当谓语动词的趋向动词后处所宾语与"来/去"共现表达位移事件的结构，如"上山来、下楼去、进教室来、出城去、过马路来、回家去"等。该类结构使用频率极低，但因其处所宾语与"来/去"的位置关系问题而备受关注。在初中级汉语教学中，该类结构常作为重点语法进行教授。

一、教学中的问题

在教学中，我们常常跟学生交代处所宾语应置于"来/去"之前。但是位置关系对了，学生输出的句子未必好。比如学生在课堂上说出了很多这样的问题句：

（1）？她骑自行车<u>进了北京大学去</u>。

（2）？我5月23日<u>回北京来</u>。

（3）？最近他要<u>回日本去</u>。

（4）？上课了，我们快<u>进教室去</u>吧！

（5）？学习结束以后，我要<u>回美国去</u>，继续上学。

这些句子虽合乎汉语语法规范但并不怎么被接受，而一旦删除处所宾语或"来/去"后，句子就可以接受了，如"她骑自行车进了北京大学、我5月23日回来、最近他要回日本"。可见，"进房间去"类趋向结构的使用存在着某种制约条件，其使用频率也因此而受限。

二、"进房间去"类趋向结构对远距离认知位移事件的表达

经研究，我们发现"进房间去"类趋向结构所表达的是远距离认知位移事件。远距离认知位移事件与正常的位移事件相对。正常的位移事件合乎人们的预期，符合理想认知模式；远距离认知位移事件则偏离人们的预期，其发生或与人们的愿望不符（如希望主体在家但主体出门去了），或与原定的计划安排相左（如下了班却不回家去）。"进房间去"类趋向结构多用于表达远距离认知位移事件。比如：

（6）廖红宇说："我不想进他那屋。""至于吗？"廖莉莉瞪了她妈一眼，不由分说地拉着她"嘻嘻嘻"<u>上楼去</u>了。

（7）（晚上）他没有马上<u>回家去</u>。他径直去了办公室。

（8）真可怕，星期六你也不愿<u>回家来</u>了，我们也开始吵嘴了……

三、两种偏离预期的远距离认知位移事件

位移事件的认知距离产生于对预期的偏离。预期的来源有两类：来自行为主体自身的，如对自己下一步行为的安排，称为"自发预期"；来自他人、环境或社会规约的，如他人对主体的位移期待，称为"外发预期"。我们可以据此将远距离认知位移事件分为如下两类：

1.事出无奈：位移事件对自发预期的偏离

在外界力量过于强大，或者是为了照顾对方面子的情况下，主体不得不改变初衷，采取与自发预期不同的行为。比如：

（9）马副局长有点不耐烦了："……还要我说几遍？让你们先回去！"两个人无奈……回重案大队去了。

（10）（金秀不想进里屋）"……姐姐！你快来看呀！……"这下子，金秀不得不进里屋来了。

这类句子中多有表达主体无奈的情态成分，前后文中也常出现描写主体不满、犹豫等态度的词语，同时还常使用使令、催促类词语表达外界对位移主体施加的压力。我们对这些词语进行了整理，参见表37-1。

表37-1　自发预期偏离位移事件中共现词语一览表

类型	具体词语
情态成分	可、只得、只好、只能、不得不、还得、也就、就、又要；算了、得了、不妨、还是、不如、要不然、大不了、干脆
态度描写成分	不满地、不高兴地、嘟哝着、无奈、无可奈何、忧心忡忡地、大失所望地；狐疑地、犹豫、徘徊、犹豫片刻、一愣神儿
使令义成分	拉、请、让、叫、带、召唤、劝、通知、推、逼
催促义成分	你给我、限你、我要你、赶快、还不、求你、吧

2.事出意外：位移事件对外发预期的偏离

在发生争执或对他人不满时，主体常违背他人预期而采取意外行为。同时，主体自顾自的行为会给人留下突兀的印象，并使周围的人产生不快的情绪。比如：

(11) 他说完，扛起他的竹椅，径自<u>下山去</u>了。人们都发愣，呆呆地望着他的背影。

(12) 这一天，老婆通告说，晚上她不在家住了，带小宝<u>回娘家去</u>……肖济东垂头丧气地听着，又可怜巴巴地看着他们出了门。

此类句子中多有表达主体行为突兀、出人意料的情态成分，同时前后文中还常有描写旁观者意外、无奈或气愤的心情与神态的成分。我们也对这些词语进行了整理，参见表37-2。

表37-2 外发预期偏离位移事件中共现词语一览表

类型	具体词语
情态成分	扭头、转身、径直、独自、径自、自己、干脆、直接就、抽身；突然间、突然、居然、却是、反而；劝拦不住、义无反顾、不由分说、一气之下
心情与神态描写成分	很奇怪、很是意外、非常孤独、忍受、惆怅、气得……；惊呆了、呆呆地、发愣、愣了一会儿、垂头丧气、可怜巴巴

四、典型语用情境的矛盾性

偏离预期的位移通常包含三个方面的矛盾：从静态意义看，自发预期与外发预期间的潜在矛盾给主体偏离预期的行为提供了可能；从动态意义看，偏离预期的行为常发生在矛盾爆发之际；从后果看，偏离预期的行为往往会进一步激化矛盾。这三个方面层层缠绕，决定了"进房间去"类趋向结构语用情境的矛盾性，即多用于表达主体与他人的冲突，或表现自我矛盾。经统计，有近50%的"进房间去"类趋向结构用例用于矛盾情境的表达。

1. "进房间去"类趋向结构与人际矛盾情境

该结构常用于表现人际矛盾，包括非常表面化的激烈矛盾，比如：

(13) 圆圆把筷子一摔，踢开椅子，一拧身，<u>回自己房间去</u>了。

也包括表面温和但内里激烈的非表面化矛盾，比如：

(14) 小曼自知失言，连忙垂下眼睑，轻轻地说："请原谅。"

"这个橘子酸了，不好吃了。"志摩说完就<u>进房间去</u>了。

还包括假矛盾的情况，即双方表面上看似有矛盾，实则只是嗔怪以示亲近。比如：

（15）孟林："你傻啊？有你这么担担子的吗？好了，你赶紧收拾东西，先回班里去吧。"石林："队长，你们不赶我走了？"孟林："那还得商量。"

2. "进房间去"类趋向结构与自我矛盾情境

自我矛盾不像人际矛盾那样表面化，它更多地体现在心理活动中。比如：

（16）她独自而坐时，心里十分盼望伙伴的来到。可伙伴来了，来敲门了，她又不敢去开门……可当她听到伙伴下楼去的脚步声时，却不由流下了眼泪。

意愿句常用于表达主体的矛盾心态，但句中常有"但、可、又"等转折类词语引导的小句，以表达主体的内心挣扎。比如：

（17）她想回家去，但又不敢，最后她想了一个方法……

（18）孙老师想回自个儿家里去，可又抹不开面子，不好挪动身子。

总之，"进房间去"类趋向结构可用于表达远距离认知位移事件，但并非所有同类事件都依靠此类趋向结构来表达。比如：

（19）（被热邀吃汤圆）肖科平不再理她，抱着衣服回自己房间。

正常位移事件和远距离认知位移事件与两类趋向结构的关系可以图示如下：

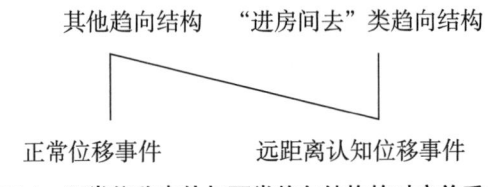

图37-1　两类位移事件与两类趋向结构的对应关系示意图

正常位移事件通常用其他趋向结构表达，而远距离认知位移事件可以用"进房间去"类趋向结构表达，也可以用其他结构表达；其他结构可以用来表达任何一种位移事件，而"进房间去"类趋向结构只用来表达远距离认知位移事件。

远距离认知决定了"进房间去"类趋向结构对语篇的依赖。例（1）~（5）之所以可接受度不高，正是由于其缺乏语篇的支持。考虑到其语篇依赖性，以及在远距离认知位移事件表达中的可替代性及使用上的低频性,我们不建议把"进房间去"类趋向结构列入初中级汉语语法教学的内容。

38. 什么情况下用"走进房间去"类趋向结构?

"走进房间去"类趋向结构,是指复合趋向补语与处所宾语共现表达位移事件的结构,如"爬上山来、跑下楼去、走进教室来、逃出城去、走过马路来、飞回家去"等。该类结构形式最为繁复,几乎包含了位移事件中所有的基本概念成分。在特定的事件情境中,通常只有部分概念成分需要得到表达,现代汉语中就存在前几问中所介绍的更简单的趋向结构。是什么因素导致了概念成分在"走进房间去"类趋向结构中的完全表达呢?该类结构的出现是否违反了语言的经济性原则呢?

一、教学中的问题

"走进房间去"类趋向结构的使用频率极低(仅略高于"进教室来"类趋向结构),但同样因其处所宾语与"来/去"的位置关系问题而成为一个研究热点。在初中级汉语教学中,该类结构也常作为重点语法进行教授。教师一般将教学重点和难点放在处所宾语与"来/去"的位置关系问题上,但我们发现,位置关系对了,学生输出的句子未必好。我们在学生的对话中发现了一些合乎语法规范但不怎么被接受的问题句。"走进房间去"类趋向结构的泛用,导致下列句子的可接受度下降。

(1) A:彼得呢?

B:? 他走下楼去了。

(应为:他下楼了。)

(2) ? 上课了,我们走进教室去吧。

(应为:上课了,我们进教室吧。)

二、"走进房间去"类趋向结构对非常规位移事件的表达

通过对语料的考察,我们发现该结构的功能特点是表达非常规性的位移事件。

现实世界中的位移事件,有的符合常规性的认知结构,我们可称其为"正常位移事件"。比如,在理想化的场景下,"进入某空间"这一位移事件的概念因素应符合下面一系列的标准化特征:[自主意识下的人类][处于正常状态][以双脚交替前行的方式][在合适的时间][以合适的速度][为达到正常目的][通过入口]……[进入封闭空间]。这种特征结构是高度抽象的,是理想化的,符合人们对该领域的通常理解,因而是常规性的。这时,将其中任意一个或几个因素进行改换,都会使这种"好的"规约性结构遭到破坏,比如将速度因素变为[以极快的速度],或将路径因素变为[通过出口],或将方式因素变为[以手脚共用交替前行的方式],等等。规约性结构遭到破坏,位移事件就与理想模式有了一定的距离,就偏离了人们通常的理解,带有一定的非常规性,我们可称其为"非常规位移事件"。"走进房间去"类趋向结构多表达非常规位移事件。比如:

(3)三轮摩托卡车越开越快,在崎岖的山路上激烈颠簸,金葵和后座上那个男人的搏斗也同样激烈,她咬开了那男人紧抓自己的一只大手,身体失控<u>翻下车去</u>。

(4)前天晚上已经十点多了,全家人都上了床,他却忽然从自己的房间里跑出来,咚咚咚地<u>跑下楼去</u>……

例(3)中的"翻下车去"是非常规位移方式,例(4)中的"跑下楼去"则发生在非常规时间。

通过下面两组例句的对比,我们可以更清楚地明白不同趋向结构所表达的位移事件的性质差异。

(5)a.这个科学家硬说炼丹的泉水里含有抗老激素,吃进去就能叫人返老还童,火力旺盛,最后长出翅膀<u>飞上天去</u>……

b.每家院子里都亮那么一阵:把灶王像请到院中来,燃起高香与柏枝,灶王就急忙吃点关东糖,化为灰烬,<u>飞上天宫</u>。

（6）a. 一扭头，她跳下楼去。

　　　b. 她拉开卧室的门，蹑手蹑脚走下楼。

"人—飞上天"之于"灶王—飞上天宫"、"跳下楼"之于"走下楼"都具有非常规性。

三、位移事件的非常规性表达

位移事件的非常规性表达，在句法和语篇方面均有诸多形式上的表现。

1. 非常规性的句法表现

状语位置上的修饰性词语可以帮助表达位移事件的非常规性特征，位移事件的非常规性特征也可以由这些词语得到验证。有以下几类：

A."却、竟、倒（dào）"类评价性情态副词，表示位移事件出乎意料、不合常理。比如：

（7）你们算是什么？泼出去的水！倒跑回娘家来跟二哥二嫂争！

B."突然、忽然、干脆"等，表示位移事件突兀发生，并因此导致了当前局面的急剧变化。比如：

（8）戴崴还未开口，陈一平突然跳起来冲出门去。

C."只能、只好"等，表示受制于客观条件，不得已改变原计划而实施某种位移。比如：

（9）粮食恐慌动摇了军心，士兵们为了填饱肚子，纷纷离开队伍去寻找粮
　　　食……杜长官无计可施，只好委曲求全，暂时住上山去充当部落首领。

D."径自、自顾自、不顾一切、执拗地、失控、下意识地、身不由己、一不小心"等表示不顾客观条件的要求和限制，做出不合常理之事。比如：

（10）这个老北洋大学的学子，不顾一切地跳下车去，一边高举着双手，连
　　　声呼喊着……

（11）丈母娘的半拉身子经常睡在外面，尽可能把空间留给老婆孩子，有时
　　　候一不小心就翻下床去。

2. 非常规性的语篇表现

位移事件的非常规性特征也可以在语篇中得到验证。

A. 位移事件的发生背景。语篇中对位移事件的发生背景进行交代，揭示位移事件发生的时机不当。比如下例中警察的不期而至：

（12）正当婚礼闹得红火的时候，几名警察和村警<u>闯进门来</u>，命令立即停办婚礼，不论男女，一律出动去抓一个逃犯。

B. 位移主体的言语反应。在需要言语反应的情境下，主体无言离开是不正常的，语篇中常出现"一声不响地、没言语、没有答话、什么也没说、二话没说"等词语。比如：

（13）房东说：你最好一块儿带走，我这儿别再帮你们存一大堆东西啦。高纯<u>没有答话</u>，扛了自己的行李<u>走出门去</u>。

C. 旁观者的吃惊表现。"走进房间去"类趋向结构所在的语篇中常出现"惊异的目光、瞠目结舌、众人大惊、大惊失色、吓了一跳、身子一震、一惊、愣在那里、呆了、多少有些意外、发了半天呆"等词语，这些词语暗含对主体行为不合时宜的评判。比如：

（14）李德龄见致庸黑着眼圈，风尘仆仆<u>赶回北京来</u>，已经大大地<u>吓了一跳</u>……

四、典型语用情境的反常性

在正常情境下，人们通常会按照理想模式与环境互动；在反常情境下，人们则会采取异常行为。"走进房间去"类趋向结构常表达反常情境下的异常行为。反常情境包括以下几种情况：

A. 异于正常生活顺序的情况，如学生被开除、工作人员被辞退等。比如：

（15）刘川走进家门，奶奶正坐在客厅看报，见孙子提着大包小包<u>走进门来</u>，便摘下老花镜看他……奶奶终于开口问道："真辞职啦？"

B. 危险境地及紧急状况，如火灾、地震、生病、落水等天灾人祸。比如：

（16）第一个意识——地震！……我们三个光着脚，只穿着短裤和背心，<u>跑出宿舍</u>，<u>跑出楼去</u>。

C. 特别的情绪状态，如处于愤怒、忧伤、喜悦等极端情绪中的主体往往采取反常行为。比如：

（17）江父一跺脚，怒道："我下去就下去……她只能嫁给榆次何家！"说完他"咚咚"地冲下楼去。

非常规性决定了"走进房间去"类趋向结构对情境和语篇的依赖，所以在汉语教学中，该类结构更适合进行语篇教学，而非单句教学。此外，"走进房间去"类趋向结构中的"来、去"作为一种类情态成分，表达说话人对所陈述事件"出乎意料"的评价态度（郭晓麟，2013），评价情态的主观性特点决定了该类结构并不适合作为初中级的教学内容，因为该阶段学生的学习重点是概念意义的表达。因此，我们对"走进房间去"类趋向结构的教学建议是：以中高级汉语学习者为教学对象，以语篇为教学依托，以功能特点和使用情境的交代为教学环节的必要补充。

第七部分 常见偏误

39. "把桌子搬下地下室"能不能说?

"把桌子搬下地下室"从语法上说没有问题,但是从使用的角度说,是一个低频句,可接受度比较低。之所以使用频率低,原因有二:一是句中近距离重复使用了两次"下",这是汉语母语者所竭力避免的;二是"地下室"作为位移终点,较少被处理为趋向结构中的宾语。该句如表达为"把桌子搬到地下室"会更好。

一、为什么"把桌子搬下地下室"的可接受度低?

我们在第12问中曾提到,任何一个位移事件必然存在位移起点、位移终点和位移路径三个要素。在"V + $V_趋$ + O_L"结构中,这三个要素都有可能被表达为"O_L"。我们也曾讨论过各类趋向结构中"O_L"的不同表现,比如当"$V_趋$"实现为"上、进、回"时,"O_L"不可以表示位移起点;当"$V_趋$"实现为"出"时,"O_L"不可以表示位移终点。也就是说,位移事件的三个要素在宾语位置上得到表达的概率并不均衡。

"把桌子搬下地下室"这个句子并不违反语法规则,是因为在"V + $V_趋$ + O_L"这个结构中,当"$V_趋$"实现为"下"时,"O_L"可以表示位移三要素中的任意一个,既可以是位移起点、终点,也可以是路径。比如:

(1) 孩子看见我,高兴地跳下床。("床"为位移起点)

(2) 孩子看见我,高兴地跳下地。("地"为位移终点)

（3）孩子看见我，高兴地一级一级跳下台阶跑过来。（"台阶"为位移路径）

但是值得注意的是，三种情况的出现频率极不均衡。在我们考察的语料中，三者的使用比例是38∶4∶7，也就是说，只有在4/49的用例中，"O_L"是用于表达位移终点的。这也是"把桌子搬下地下室"这个句子的可接受度没有那么高的原因。

二、"V + 下 + O_L"中的处所宾语为什么不常表达位移终点？

在"V + 下 + O_L"结构中，"O_L"也较少表示位移路径，只有1/7的比例。这一点比较容易理解，因为只要位移的起点和终点确定了，路径就是确定的，就不必特别指出。但为什么终点信息也很少出现在宾语位置呢？我们认为，由于位移终点通常来说是确定的，或者说是可以很容易地通过上下文或生活经验推得的，所以就没有必要在形式上进行显性表达。我们将该结构中的动词限定为"跳"，在北京大学中国语言学研究中心CCL语料库近6000万字的当代文学语料中进行考察，找到327例"'跳下'＋位移起点"的结构。其中，324例的位移终点都可以很容易地确定为"地面"，比如例（4）和例（5）。在这种情况下，位移终点就没有必要进行显性表达了。在327例中，只有3例的位移终点不是"地面"，比如例（6）和例（7）。

（4）她悄悄跳下床，披着衣服，来到了隔壁房间……

（5）我推开车门跳下车就喊，"方兰，方兰！"

（6）……然后死啦死啦跳下了山路，在陡峭的山坡上摔了个滚，又爬起来往上冲。

（7）太春当年被暴客追赶着最后跳下山崖，也是他命不该绝，太春恰巧落到谷底的一堆柴草上。

在例（6）中，"跳"的位移终点"陡峭的山坡上"可以在下文中找到；在例（7）中，"跳"的位移终点"谷底"可以通过百科知识推得，同时也可以在下文中找到。在例（4）和例（5）中，虽然"跳"的位移终点在上下文中没有出现，但是"下床、下车"作为高频率位移事件，已经在人们的头脑中形成固定的认知图式，我们不需要推理就可以知道其位移终点必然是"地面"。在324例位移终点为"地面"的用例中，"O_L"具体表现为"床、车、炕、马"等起点性处所词的共占217例，这些都属于上述固定认知图式的情况；其余107例中的位移终点"地面"则都可以通过百科知识推理得到。比如：

（8）她撂下高脚杯，跳下高脚凳，匆匆离开。

（9）李燕是个好事的女人，光着脚跳下沙发，过来看短信。

这324例中的位移终点因为极易推得，新信息量基本为零，所以不必表达。

在近6000万字的当代文学语料中，我们找到了39例"'跳下'+位移终点"的结构。其中，14例的位移终点是"地面"，其余25例的则各不相同，有"河、坑、水、海、苦海、地堡、井、船、山涧、潭、山谷"等等。比如：

（10）太春纵身一跃，跳下了山涧……

（11）这时跳下水救人，能要钱么？

表示位移终点的这些宾语形式通常很短，一般是单音节或双音节的。从宾语的音节长度上说，"把桌子搬下地下室"中的这种三音节宾语显然是不典型的。

三、由上而下的位移终点还可以怎么表达？

除了实现为"V + 下 + O_L"中的宾语，由上而下的位移终点还有很多表达方式。比如：

（12）"跳海，快走。"龙虾说完，已经越过护栏往海里跳下去了。

（13）不要说浪迹天涯相依为命，就是火坑也值得为此跳下去。

在例（12）中，位移终点是通过介宾短语"往海里"表达的；在例（13）中，位移终点"火坑"是作为话题出现的。不过在很多情况下，位移方向在语言表达中并不一定用趋向动词"下"进行凸显。比如下面的句子：

（14）舒克从窗台跳到桌子上。

（15）一名驯犬员背对着黑狗弓下了身子，狗跳到他背上，然后又跳到地上。它舔着驯犬员的手，在他一侧的地上安静地坐下了。

例（14）的"跳到桌子上"和例（15）的"跳到地上"所表达的位移都是由上而下的方向，但句中并没有凸显这一方向，而只是处理为"从处所A到处所B"。

我们在6000万字的语料范围内全面检索了以"地下室"为位移终点的语料，发现以"V + 进 + 地下室"形式表达的有3例，以"V + 回 + 地下室"形式表达的有1例，以"V+到+地下室"形式表达的有6例。有意思的是，"V+下+地下室"形式并没有出现。虽然去地下室必然存在由上而下的位移，但没有一个用例凸显这一具体的位移方向。"V+进+地下室"强调的是从室外进入室内，"V+到+地下室"则是表达到达目的地这一较为抽象的位移过程。

在教学中，教师由于对"V+下+O_L"的实际使用状况不够了解，常常会在课堂上给出不恰当的例句，如"请你把桌子搬下一楼大厅""下课休息的时候，同学们走下一层去买咖啡"。我们一定要注意例句的规范性和典型性。"V+下+O_L"这种结构形式的出现频率极低，同时它要求宾语的音节长度要控制在两个音节以内。我们应该把这些使用限制条件有技巧地交代给学生。

40."他跳下一米多高的台子"能不能说？

"他跳下一米多高的台子"从语法上说没有问题，但是从使用的角度说，是一个低频句，可接受度比较低。该句可改为"他从一米多高的台子上跳下来"。

上一问中我们说过，在"V+下+O_L"结构中，"O_L"可以表示位移的起点、终点和路径，三者的使用比例是38∶4∶7，"O_L"最常表示位移的起点。但并不是所有表示位移起点的词语都可以出现在宾语位置上。我们考察了这38个用例，发现在这些用例中，充当宾语的位移起点具有两个特点：一是音节短，一般都是单音节或双音节的，不存在三音节及以上的词语；二是宾语所表达的都是旧信息，也就是说，该位移起点在前文中曾出现过，此处是作为回指出现的[1]。比如：

（1）方枪枪藏在浓密的桃树丛中，脸蛋儿挂在其他桃子之间……方枪枪这时跳下树，站在马路牙子上，只要这三个人中任何一人回头都会一眼看见他。

（2）吉普车还没停稳，于观和冯小刚就一边扒着自己的衣裳一边跳下车，

---

[1] 表达旧信息的单音节或双音节的位移起点词语也并不必然充当宾语，也可以出现在状语位置上，如"从树上跳下（来）"。

接过镶金边的呢子裤就往腿上套。

在例（1）和例（2）中，"跳下"的宾语"树"和"车"都是旧信息，而且都是单音节的。对比下面的例子：

（3）想到这里，他将身一跳，从两丈多高的树上扑通一声跳下来，一溜下坡，朝那个人猛扑过去……

（4）只见一大群老瘦的劣马相互挤挨着从一些破旧的船上走下来，任旁边几个人挥着马鞭子喊叫，懒洋洋地往前走动。

在例（3）中，"跳下"的位移起点"两丈多高的树"出现在状语位置上。其中，"树"在前文中虽然出现过，但是"两丈多高"传达了一定的新信息。在例（4）中，"走下来"的位移起点"一些破旧的船"是新信息，也出现在状语位置上。这两例中的位移起点都是用多音节短语表达的。当然，这样的位移起点除了出现在状语位置上，也可以出现在其他位置上。比如下面两例：

（5）（她）与同事们一说话一微笑一略略仰首一轻轻拍手，便惹得所有人心里都不禁出现这样的念头：真是电影里头走下来的美人……

（6）……车头刚转过山脚，只见最后的一节车厢，嗖地跳下一个人影，跌在路基旁的雪沟里。

当多音节短语出现在"V + 下 + O_L"的宾语位置上时，该结构可能会产生不同的理解。比较：

（7）a. 他跑下山。

　　b. 他从山上跑下来。

（8）a. 他跑下二层楼。

　　b. 他从二层楼上跑下来。

在例（7a）和例（7b）中，"山"都是位移起点，两句都表达从山上到山下的位移。在例（8b）中，"二层楼"表示位移起点，句子所表达的是从二楼到一楼的位移；但在例（8a）中，"二层楼"可以理解为位移起点，也可以理解为位移路径，相应地，句子可以表达从二楼到一楼的位移，也可以表达从四层到二层或从五层到三层的位移，只要位移通过的是两层楼的高度就可以。

在对"V + 下 + O_L"结构的教学中，教师由于对起点宾语的特点不够了解，常常会在课堂上给出不太合适的例句，有时也会引导学生说出不恰当的句子，如"我走下我的房间去一层买东西"。该结构要求起点宾语音节形式简短；同时由于宾语多表达旧信息，因此该结构常用在语篇而不是单句中。在教学中，我们应该提醒学生，如果不能满足上述使用要求，位移起点信息就不能被处理为宾语。

41."想起来他的名字"还是"想出来他的名字"？

"想起来"和"想出来"结构相同，都是动词"想"+复合趋向补语；二者意思也很相近，都可以表示思考内容从模糊到清楚显现的过程。对汉语学习者来说，二者很难区分。我们在留学生的对话中经常听到这样的偏误句：

（1）*我想了半天才想出来他的名字。

（2）*我想起来一个好主意。

例（1）中的"想出来"应改为"想起来"，例（2）中的"想起来"应改为"想出来"。在"想起来"和"想出来"中，不同的趋向补语所表达的意义有所不同。

一、"想起来"和"想出来"的语义差异

"想起来"中的"起来"表示"想"这一动作有了结果。"想起来"通常用在原来知道，只是暂时忘了，思考以后又回忆起来的情况下。比如：

（3）他想起来了。香姑姑叫晏子香，嫁了个姓邢的丈夫，可不她的孩子姓邢。

（4）那张纸条让我给忘了，洗衣服的时候没发现，晾衣服那会儿才想起来。那一千块钱还可以，那张纸早不成了。

在例（3）和例（4）中，"想起来"的具体内容是本来就知道的，不是新产生的想法。

"想出来"中的"出来"表示"想"这一动作完成，同时还包含新的事物产生或从无到有的意思。比如：

（5）娟子，孩子的名字，我昨天晚上想出来一个，不知你是否中意。男孩儿，就叫严实吧。一是说孩子长得结实，二是实实在在。

这里的"出来"表示"想"的结果，句中孩子的名字从无到有，之前是不存在的。

二、"想起来"和"想出来"的模糊地带

"想起来"和"想出来"看起来边界清晰，但其实并非截然分开的。比如下面的例子：

（6）何文涛说："的确没错儿，但我还见到了另外一个人……"另外一个人？几个人想了半天也没有想出来他们共同熟识的朋友……

（7）（服务员通知，市府的刘秘书来了。）三节棍琢磨了一会儿，怎么也想不出这位市府的刘秘书是谁。三节棍这帮人在市府也是有些熟人的……三节棍虽然没想起来刘秘书是谁，但还是决定去看一眼……

例（6）中的"想出来"可以替换为"想起来"，"他们共同熟识的朋友"应该是已经存在的，是固定的。不过，通过后文我们可以知道，这个朋友并不是真的存在的。从"无中生有"的角度说，用"想出来"也是可以的。例（7）对"市府的刘秘书"用了"想不出（来）"和"没想起来"两个说法。从回忆此人的角度说，应该用"没想起来"；但实际上此人并不是真正存在的，是警察诈称，所以又可以用"想不出（来）"。

有时候，该用"想起来"而故意用"想出来"，是为了达到特殊的表达效果。比如下例：

（8）（小偷偷了一个包，被讯问时谎称包被人捡走了，讯问者知道他在耍花招儿）又说："好好想想，把他想出来。"又说："想出来，帮我找到他，也给你一万；想不出来，咱就在这儿一直想。"

小偷说包被人捡走了，如果这话是真的，那必然真的存在这样一个人，按说说话人应该用"想起来"；但说话人知道这是小偷的谎话，这个人是不存在的，如果小偷想到了这个人，那一定是无中生有，所以说话人故意用"想出来"表达一种警告——我知道你在说谎！

三、"想起来"和"想出来"的教学

在教学中，我们首先应该向学生说明"想起来"和"想出来"的语义差异所在，即："想起来"强调从忘记到记起，答案具有唯一性或固定性；"想出来"强调从空白到构思，答案可以是多选的。其次，我们还需要以典型的例句说明上述差异，比如"想起来一个故人的名字"和"（为新生儿）想出来一个好名字"。

此外，我们还可以对比着列出二者所支配的常见宾语，帮助学生熟悉常用搭配。比如：

（9）a. 想起来一件事
　　　b. 想起来一个人
　　　c. 想起来这个生词的意思

（10）a. 想出来一个主意
　　　b. 想出来一个办法
　　　c. 想出来一个理由

在具体使用中展示差异，是"想起来"和"想出来"这类语义相近结构最有效的教学方法。

42. "吵架起来""吵起来架"还是"吵起架来"？

"吵架起来""吵起来架"还是"吵起架来"？这涉及趋向补语与宾语的位置关系问题，正确的说法应该是"吵起架来"。

一、"起来"的意义

我们先来看一下"吵起架来"中"起来"所表达的意义。在"V + 起来"这样的结构中，如果"V"不具有方向性，那么"起来"表达的就是新状态的开始。所以，"吵起架来"的意思是"开始吵架"，"玩儿起来、看起来、吃起来"表达的就是"开始玩儿、开始看、开始吃"的意思。

当"V+起来"中的"V"带有宾语时，其宾语应该放在"起来"的中间，即构成"V起O来"结构，如"玩儿起游戏来、看起书来、吃起水果来"。比如：

（1）小星同意了妈妈的看法，开始高兴地吃起饭来。

（2）夜里，致庸翻来覆去一直睡不着，后来索性起床，坐在灯前看起书来。

二、宾语为什么可以放在"起来"中间？

由于使用频率高，"起来"在现代汉语中已经出现了凝固化的倾向，我们在教学中也倾向于把"起来"作为一个固定结构教给学生。

不过，在"VP+起来"这个结构中，新状态开始的意义主要是由"起"而不是"起来"带来的。所以在表达新状态开始之义时，结构中可以只出现"起"，而不出现"来"，特别是当动词的宾语音节较长的时候。比如下面的两例：

（3）杨一帆也只好闷闷不乐地吃起碗里的饭，一会儿的工夫就吃完了。

（4）何今整天看着来来往往的行人，又突然发现这里居然还没有市内的公共汽车，他马上去买了四辆自行车，同时又做起了租车的生意。

可见，"起"和"来"之间的关系并不是特别地紧密。只有当动词带有宾语的时候，宾语才有可能出现在"起"和"来"之间。

三、关于离合词

"吵架"是汉语中一类非常特殊的动词——离合词。离合词的两个组成成员之间的关系可分可合：当它们中间插入其他成分时，该结构可视为一个短语；当它们之间没有插入其他成分时，该结构可视为一个词。比如："散步、洗澡、吵架、毕业、道歉、睡觉、帮忙、跳舞"等。

离合词的两个组成成员之间可以插入很多成分：动态助词"着、了、过"，如"吃着饭、毕了业、吵过架"；动语素重叠，如"帮帮忙、帮一帮忙、帮了帮忙"；数词或量词，如"帮个忙、睡一觉"；动语素的补语，如"操碎心、操了一天心"；名语素的定语，如"睡大觉、帮倒忙"。此外，离合词的两个组成成员之间还可以插入趋向补语，构成"V+趋向补语+O"的结构，如"跳起舞、狠下心、抽出空儿"。当离合词与趋向补语"起来"共现时，其格式应为"V起O来"，表达"VO"这一新状态的开始。比如：

（5）祖母发现母亲经常偷偷给姥姥家钱，便<u>吵起架来</u>，父亲站到祖母一边竟把母亲打了，最后闹到法院，离了婚。

（6）好端端的，怎么又<u>生起气来</u>了？

我们发现，由于教师常把"起来"作为一个固定结构教给学生，所以学生在使用时常会说出"吃饭起来、跳舞起来"这样的偏误句。为避免出现这样的问题，我们在教学中应该向学生强调该结构中宾语的位置，甚至可以要求学生把"吃起饭来、生起气来、跳起舞来"这样的结构作为整体去记忆，促进其将"V起O来"结构作为一种固定的图式存于他们的思维中。

43. 可以说"起来"，为什么不能说"起去"？

在复合趋向补语的教学中，我们有时候会遇到学习者提出这样的问题：汉语中有"上来、上去""下来、下去"等，都是成对出现的，可是为什么只有"起来"而没有"起去"？现代汉语中确实存在这样的不对称现象，比如我们可以说"抬起来、站起来、藏起来"，但却不能说"抬起去、站起去、藏起去"。

一、历史上的"起来"和"起去"

在历史上，"起去"确实存在过，而且出现的年代比"起来"要早。表达位移义的"起去"早在六朝时期已大量出现，不过其表达的是"站起来（起）+离开（去）"两个动作，我们可以将其理解为短语。

（1）锺士季精有才理，先不识嵇康，锺要于时贤俊者之士，俱往寻康。康方大树下锻，向子期为佐鼓排。康扬槌不辍，傍若无人，移时不交以言。锺<u>起去</u>，康曰："何所闻而来？何所见而去？"锺曰："闻所闻而

来，见所见而去。"(《世说新语》)

到元明时期，"起去"才开始作为趋向补语出现，此时其词汇化进程已完成。这时，"起去"与"起来"形成了远离说话人和趋近说话人的功能分野。

(2) 行者急纵云跳<u>起去</u>，正到直北下人家化了一钵素斋，回献师父。(《西游记》)

表达位移义的"起来"在隋唐五代时期才出现，但一出现即是一个词。比如：

(3) 佛于大众，乃命光严：汝须从尘<u>起来</u>，听我今朝敕命。(《敦煌变文》)

"起来"在现代汉语中的各种用法至宋代时都已出现，如例(4)中的起始义、例(5)中的评价义。

(4) 老员外与女儿大哭<u>起来</u>，对那人道："昨日好端端出门，老汉赠他十五贯钱，教他将来作本，如何便恁的被人杀了？"(《十五贯》)

(5) 你做秀才，便教你做官人，算<u>起来</u>你做不得。(《张协状元》)

与"起来"相比，"起去"的两个构成语素所表达的意义分离性较强，因而较难实现词汇化，这影响到其使用频率，又进而导致其语法化进程缓慢，使其很难产生位移义之外的其他引申义；而"起来"的词汇化便利使其使用频率相对较高，这间接加速了其语法化进程[①]。

二、现代白话文中的"起去"

在现代白话文语料中，我们仍能找到"起去"的用例，其用法大概包括以下几种类型：作为谓语动词出现，如例(6)；出现在表达身体或身体局部由下向上、由低到高的体位变化的动作动词后，如例(7)；出现在表达由显到隐的隐存义动词后，如例(8)。其中，"起去"以出现在隐存义动词后为主（占所有用例的72%）。

---

① 蔡瑱(2013)认为，"去"的强动作性、独立性使一度与"起来"一样活跃的"起去"在语法化演变途径上不同于"起来"，且明显滞后；而"起来"与"起去"在言者立足点上的不清晰，使"起去"更处于劣势，在普通话及大部分方言里被逐渐替代。

（6）他在食台旁边坐了一下。他又起去拿了钢笔和日记本来，他要用分身术了。（《郭沫若小说集》）

（7）立起来，又坐下，好多次了，正像外边的小蝴蝶那样飞起去又落下来。秋光把人与蝶都支使得不知怎样好了。（《樱海集》）

（8）"呕！"神父的神气十分傲慢。"平常你们都很爱国，赶到炮声一响，你们就都藏起去！"（《四世同堂》）

在"起去"的这几种用法中，例（6）这种单独做谓语的情况在现代汉语中可以用短语"起身"替换，如"他又起身拿了钢笔和日记本来"；后两种在现代汉语中都可以改用"起来"表达。不过，我们仍感觉例（7）的"飞起去又落下来"改为"飞起来又落下来"后不如原文好，例（8）的"藏起去"改为"藏起来"后就缺少了原文表达的"位移主体藏身后离开说话人，使说话人看不到"的意思。

虽然历史上"起来、起去"曾经形成过与"上来、上去"一样的相对说话人位置变化的功能对立，但"起"所表达的由下向上的位移，尤其是身体的位移，如"站起、坐起、爬起"，其位移主体与说话人的相对位置变化并不像"上、下、进、出、过、回"那么显著，因而最终"起来"合并了"起去"。那么，"来"的相对位置变化义消失也就不难理解了。

三、教学中的"起来"

虽然历史上"起来"和"起去"曾经有着各自的分工，但是现代汉语中"起去"的功能已经基本上被"起来"接替。由于"起来"与"起去"合并，"起来"中的"来"已经不再提示位移主体与说话人的位置关系[①]，因而在进行教学时，我们可以把"起来"作为词汇化的整体教给学生，而不是分别介绍"起"与"来"的意义。这样，学生就不会通过"V来、V去"的类推说出"起去"这样的错误结构了。

[①] 居红（1992）亦有此观点，认为"起来"只强调位移方向，不涉及位移方向同说话人的关系以及说话人的立足点。

44."（他摔倒了，）快扶他"为什么不能说？

"（他摔倒了，）快扶他"是偏误句，应改为"（他摔倒了，）快把他扶起来、（他摔倒了，）快扶他起来"或"（他摔倒了，）快扶起他来"。某些动词，特别是本身没有方向义的动词，没有趋向补语"起来"的帮助，就无法表达由下而上的位移义。

一、四组动词与"起来"

请观察下面四组例句：

a. 站起来　爬起来　跳起来

b. 举起来　抬起来　升起来

c. 扶起来　抱起来　拉起来

d.（把他）叫起来　（把他）打起来　（把他）踢起来

这四组中的"V起来"都表达由下而上的位移义，其中a、b两组趋向结构中的动词本身就带有向上的方向义，c、d两组趋向结构中的动词则不含方向义。c、d两组趋向结构中的动词如果要表达由下而上的位移义，就必须得有"起来"的帮助。

具体来说，在c组趋向结构中，动词"扶、抱、拉"表示使对方产生由下而上位移的动力来源。比如，"扶起来"就是"通过扶的动作，使对方获得动力而达到站立的状态"。由于"扶"本身不含方向义，"扶他"只能表示"通过扶的动作，使对方获得支持而使身体稳住"。说回标题中所讨论的问题句，由于"他摔倒了"，他所需要的是通过别人的帮助，使自己获得动力从而达到站立的状态，所以对该偏误句的修改应该是在动词"扶"后使用趋向补语"起来"。

在d组趋向结构中，动词"叫、打、踢"表示使对方产生由下而上位移的间接原因，这组动词与位移事件之间的关系更加疏远。比如，"叫起来"就是"通过叫的动作，提醒对方有所动作而产生由下而上的位移"。"叫"本身不含方向义，"叫他"只能表示"通过言语，提醒对方注意"。

在a、b两组趋向结构中，动词本身就带有方向义。但是，对a组中的动词来说，趋向补语"起来"是必不可少的，因为动词"站、爬、跳"可以表达多种语义。比如，"站"可以在"站起来"中表达从坐着的状态变为站着的状态，这时"站"表示身体由下而上位移后的结果状态；"站"还可以在"站着"中表达双脚着地、身体直立的状态。再如，"爬"可以在"爬起来"中表达从趴着的状态变为站着的状态，这时"爬"表示身体由下而上位移的方式；"爬"还可以在"爬着走"中表达双脚和双手着地，交替前行的动作。因此，a类动词要表达由下而上的位移，趋向补语"起来"是必不可少的。

b组中的动词也带有方向义。a、b两组趋向结构的差异之处在于：a组结构表达自主位移，即施事者发出某一动作，在这一动作过程中，施事自主向上位移；b组结构表达致使位移，即施事发出的动作致使受事向上位移。因此，b组中的动词后可以直接加上受事做宾语，表达由下而上的位移，比如"举手、举枪、抬头、抬桌子、升旗、升官"。但当表达位移主体的名词置于动词前出现时，b类动词后也应该使用"起来"。这是出于韵律的需要。比如：

（1）*他的手举。

　　→他把手举起来。

二、两种由下而上的位移表达

在表达由下而上的位移时，除了用"起来"，我们还可以通过介词短语标明位移终点。分别如下例：

（2）不准动，把手举起来！

（3）她（史密斯太太）一看见志摩，一下子倒退几步，把手举到嘴边，铁锅砰然坠地……

刘月华（1998）指出，如果只表达由低到高的位移，动作没有终点或指不出终点，那只能用"起来"。在例（2）中，说话人对听话人发出命令，让他"把手举起来"，但是并没有指出动作的终点，因此动词"举"后需要带趋向补语"起来"。而在例（3）中，史密斯太太看到徐志摩时，特别吃惊，不由自主地将手举到了嘴边，手部动作由低到高，位移的终点是嘴边，这时动词"举"后则不需要带趋向补语"起来"。

在汉语教学中，我们不必强调上面四组动词之间的区别，但是应该让学生明确当使用本身不包含方向义的动词表达由下而上的位移时，尤其是该动作没有终点或指不出终点时，动词后需要使用趋向补语"起来"。

45. "红灯亮的时候，所有的车都停了"为什么不能说？

"红灯亮的时候，所有的车都停了"是偏误句，应改为"红灯亮的时候，所有的车都停下来了"或"红灯亮的时候，所有的车都停下了"。产生偏误的原因是动词后缺少表达状态变化的趋向补语"下/下来"。

一、表达由动态转入静态的"下/下来"

"停息、安定"义谓词在表达由运动状态进入静止状态的时候，应该在动词或形容词后使用趋向补语"下/下来"（形容词后只能用"下来"），比如"停下（来）、站下（来）、歇下（来）、放下心（来）、安定下来、安静下来、沉静下来"。此类动词或形容词本身就可以表达静止状态，如例（1）~（3），因此在表达由动态到静态的状态变化时，就需要趋向补语"下/下来"的帮助，如例（4）~（6）。

（1）楼底下停着一辆小汽车。
（2）他能站着就不走着，能坐着就不站着，能躺着就不坐着。
（3）这个时刻的咖啡厅是安静的，没有什么客人……
（4）这时一辆出租车在他身边停下来，开车的是一个上了点儿岁数的男人。
（5）不要跑，不要跑，站下来慢慢讲，是怎么一回事？
（6）院里乱了一会儿，渐渐安静下来。

二、"停+∅/下/下来"：三种结构的不同用法

虽然"停息、安定"义谓词常常需要趋向补语"下/下来"的帮助，但这并不表示表达由动态转入静态时，此类谓词后一定要用"下/下来"。我们以动词"停"为例，说明其表达由动态转入静态时各结构的不同用法。

（7）停

（8）停下

（9）停下来

不带趋向补语"下/下来"的动词"停"主要有两种用法：一是用于祈使句，如"停！别唱了。"；二是直接带宾语，其宾语一般是单音节的，且动宾短语具有词汇化倾向，如"停车、停薪、停课、停工、停杯、停售"等。

带趋向补语"下"的"停下"用法比较复杂，可以用于祈使句，比如：

（10）被她骗上车的女孩儿惊恐大叫："停下！你快停下！"

"停下"还可以直接带宾语，其宾语一般是双音节或双音节以上的；可以是名词性的，也可以是动词性的。比如：

（11）秋平看了看床头的信，没有停下手中的毛活儿："我不想回。"

（12）黄福瑞正要点烟，听了他这话，停下点烟，惊疑地看着他说。

"停下"后加"后、时"可以表达后句事件发生的时间。比如：

（13）车停下后，下来两名警员，其中一名牵着一条短尾短毛的黑狗。

"停下"后加其他动词性成分，可以表达语义补充，如"停下不说了、停下不走了"；也可以表达时间上紧紧相连的两个动作行为和急促的语气。比如：

（14）我截到你这儿，已经是十九辆了，要么根本不停，要么停下听两耳朵就冲我摆手……大哥，我可全仗着您了！

"停下"后也可以加"了"。"停下了"语气较为舒缓，可以用于结句，但是所表达的事件多带有反预期的含义。比如下面两例：

（15）更让人不可思议的是，不一会儿工夫，飞机居然减速，以至停下了，并转身向后滑去。

（16）……他根本就没敢过长江，从山西走到襄阳府就停下了……

"停下来"的用法相对不太复杂，主要有两种：一种是后加动词性成分构成连动句，这时它与后面的动词性成分关系比较松散，句子语气较为舒缓，中间可以有停顿；另一种是单独做谓语。分别如下例：

（17）一个动作做完，她<u>停下来</u>喝了一口水。

（18）长途车<u>停下来</u>，她上了车招了招手，车就开了。

（19）出租车在长途汽车站<u>停下来</u>。

在汉语教学中，我们需要指明的是，汉语中表示由动态转入静态这一过程时，动词和形容词后往往需要带趋向补语"下/下来"。由于这类词是一个封闭的小类，我们可以尽可能地将此类动词和形容词[①]全部交代给学生。

46．"他的要求给我带困难来了"为什么不能说？

"他的要求给我带困难来了"是偏误句，应改为"他的要求给我带来了困难"。此类偏误涉及受事宾语和趋向补语"来/去"的位置关系问题。

当受事宾语和趋向补语"来/去"共现时，其排列顺序有两种可能，即"V来/去O"（A式）和"VO来/去"（B式）。陆俭明（2002）认为，表示受动者位移的动词（如"送、带"等）都能带受事宾语，A、B两种格式都能采用，所带的趋向补语可以是"来"，也可以是"去"。比如：

A式	B式
送来了一本书	送了一本书来
带来了几支笔	带了几支笔来
寄来了两封信	寄了两封信来
……	……

[①] 根据刘月华（1998）的总结，此类动词和形容词包括：a.停息类，如"停、站、歇"；b.安定类，如"安心、定心、安定、放心"；c.表现声音的形容词，如"静、安静、沉寂、低"；d.表现光线的形容词，如"暗、黑"；e.表现速度的形容词，如"慢、缓缓、低"；f.表现情绪、政治形势的形容词，如"冷静、平静、镇静、松、涣散、低"；g.表现态度语气的形容词，如"软、缓和"；h.其他形容词，如"空（kòng）、闲"等。

那么，受事宾语和趋向补语"来/去"的这两种语序关系我们在使用中应如何选择呢？许多学者认为，不同的语序实际上与线性增量原则密切相关。线性增量原则指的是，说话的自然顺序要从旧信息说到新信息，即随着句子的线性推进，线性顺序靠后的成分要比靠前的成分提供更多的新信息。（沈家煊，1999）在一般情况下，句子从左到右，信息的重要性也在不断递增。以"送来了一本书"和"送了一本书来"为例，前者的核心信息是"一本书"，而后者的核心信息是位移方向"来"。

此外，贾钰（1998）通过考察发现，宾语对两种位置的选择与动作发生的时间及句子的语用功能有关。后宾式表达的动作通常是已完成的动作。比如：（以下各例均转引自贾钰，1998）

（1）叔父，我给你<u>买来一些点心</u>。

（2）……伙计给他<u>拿来一盒子小姑娘戴着玩的小铜圈</u>……

（3）又<u>找来两把椅子</u>，把蒿秆绑在椅子背上做成星星灯。

而表达未实现的动作，特别是在祈使句及表达计划、愿望、承诺的句子里，一般采用前宾式。比如：

（4）马先生，给西门爵士<u>搬把椅子来</u>。

（5）给将来的李夫人<u>寄一份儿去</u>吧。

（6）真想给纪妈<u>送点东西去</u>。

（7）回头我给你到估衣铺<u>办一套半新不旧的行李来</u>，这才是长久之计。

（8）他们的讨论已经一致，就另谈些闲话等着站岗的<u>送名片来</u>。

另外，表达对动作的否定也大都采用前宾式。

（9）咱们也<u>没带个灯来</u>，怎么摆摊呢？

（10）你怎么也<u>不给他写封信去</u>？

还有学者发现，除了语用因素会影响到宾语和补语的语序外，宾语字段的长度也会影响其和补语的语序（张言军，2015）。如果宾语字段较长，通常会采用后宾式表达。比如：（以下两例均转引自张言军，2015）

（11）成都女孩儿周泊辰寄来了锦里、都江堰等地的明信片，陈田专门为班上的同学上了一场绘画课，主题就是"我心目中的成都"。

（12）随机必须有的产品合格证、保修卡经多次催要也没有给，最后只寄来一张既没有公司名称，也没有公司印章和个人签名的《呼吸机质量保证书》。

综上，影响受事宾语和趋向补语"来/去"位置关系的因素有很多，大概包括：

A. 受事宾语信息的重要性。重要信息要后置。

B. 动作完成与否。后宾式通常表达已完成的动作，前宾式通常表达未完成的动作。

C. 动作的否定性。与否定词共现时大都采用前宾式。

D. 宾语字段的长度。宾语字段较长时通常会采用后宾式。

但是我们在教学中遇到的"他的要求给我带困难来了"这类偏误却很难用上述规则进行解释，因为此处受事宾语和趋向补语"来/去"的位置关系并没有两种选择。无论在什么样的情况下，我们只能说"带来困难"，不能说"带困难来"。原因何在呢？

我们在北京语言大学BCC语料库中对"带N来"和"带来N"两种结构进行了检索统计，其中"带N来"结构中"N"出现次数最多的是下列名词：

表46-1　"带N来"结构中"N"的高频名词统计表

N	频次
人	15
礼物	10
朋友	9
书	9
口信	7

"带来N"结构中"N"出现次数最多的是下列名词：

表46-2　"带来N"结构中"N"的高频名词统计表

N	频次
好处	55
好运	43
灾难	43
耻辱	23
厄运	21

对比"带N来"和"带来N"两种结构中的受事宾语不难发现，"带N来"中的受事宾语多为具体名词，如"人、礼物"等；"带来N"中的受事宾语多为抽象名词，如"好处、好运"等。在实际语料中，"带来N"中的名词也有"面包、礼物"等具体名词，而"带N来"中的名词无一例是抽象名词。可见，受事宾语在动趋结构中的位置偏好还与其自身的性质有关，而且两种结构对受事宾语的类型选择是一种扭曲的对应关系。我们可以用图46-1表示。

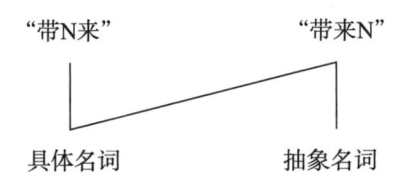

图46-1　两种结构与受事宾语的对应关系示意图

因此在汉语教学中，教师应强调进入"带N来"结构中的名词和进入"带来N"结构中的名词是不一样的。"带来N"这一结构具体名词和抽象名词都能进入，而"带N来"这一结构只有具体名词才能进入。

47. "他病得不能开眼"为什么不能说？

"他病得不能开眼"是偏误句，应改为"他病得睁不开眼"。产生偏误的原因有二：一是句中的"开"作为趋向补语，前面缺少主要动词"睁"；二是"睁

"开眼"的否定形式应该使用可能补语"睁不开",而非"不能睁开"。

一、"开眼"还是"睁开眼"?

现代汉语是动词框架语言和卫星框架语言混合而成的一个互补体系[①]。现代汉语中的位移事件表达同时存在两种形式：趋向动词充当补语的形式和趋向动词充当谓语动词的形式。比如：

（1）他走进教室。

（2）他进教室。

例（1）是趋向动词充当补语的形式，例（2）是趋向动词充当谓语动词的形式。通过语料调查和分析，我们发现现代汉语口语中这两类形式的使用比例为90∶389。这两类形式虽然存在语用上的差异，但是基本上可以做到互换而不影响语义。不过，现代汉语中还存在一类趋向动词充当补语的形式不可以变换为另外一类结构形式的情况。比如：

（3）a.他睁开眼。

　　b.*他开眼。

（4）a.他抬起胳膊。

　　b.*他起胳膊。

（5）a.他拿出一本书。

　　b.*他出一本书。

（6）a.他搬出去一盆花。

　　b.*他出去一盆花。

观察例（3）~（6）我们可以发现，这些句子中的宾语都是非处所性宾语，而例（1）中的宾语则是处所性宾语。我们可以把例（1）做如下拆分：

（1'）他走进教室。

　　=他走＋他进教室。

但是例（3）却不能做同样的拆分：

---

① 详见本书第5、6问。

（3'）他睁开眼。

　　≠他睁＋他开眼。

但我们可以把例（3）做如下拆分：

（3"）他睁开眼。

　　＝他睁眼＋眼开。

例（4）~（6）也可以做这样的拆分。可见，例（3）~（6）与例（1）属于不同的类型。"他走进教室"可以省略谓语动词，但"他睁开眼"则不可以。

二、"不能睁开眼"还是"睁不开眼"？

在汉语中，"不能VC"和"V不C"都表示能力受限，无法实现某个行为。但是，二者有何区别呢？

首先，"不能VC"往往表示的是情理上不许可或客观条件不允许。比如下面两例：

（7）外面很冷，你又在发烧，<u>不能出去</u>。

（8）他病刚好，<u>不能出去散步</u>。

"V不C"指的是主观能力暂时受限[①]。主体虽有强烈愿望，但因主观能力不足而无法实现相应的动作行为。比如：

（9）不好吃也得吃，要不然你就真<u>出不去</u>了。

（10）祝无双：（斗笠卡在门口）哎呀！

　　　白展堂：走吧走吧……快走啊！

　　　祝无双：<u>出不去</u>呀！

"因为他病了，所以睁不开眼睛"这样一个事件表达的是主观能力受限之义，所以应该采用"V不C"的表达形式。

再者，可能式"V得C"和"V不C"所要表达的新信息是C，C是全句的语义焦点，是句子所要表达的最重要的部分。比如：

---

① 刘慧芳（2013）对41名汉语母语者不同条件下"不能VC"和"V不C"的接受度调查发现，当表示由于主观能力的限制，不具备实现"V"的可能性时，大多数汉语母语者倾向于使用"V不C"结构。两种结构的可接受度之比为：V不C：不能VC＝4.463：2.683。

（11）金枝被气得脸发青，嘴唇哆嗦了半天，只说了"你……你……"什么话也说不出来了。

（12）一缕阳光刺得他睁不开眼睛。

而"不能VC"的表达焦点在"V"上。比如：

（13）肚子里装着许多事，却又不能说出来。不死才怪。

（14）尘埃等杂物进入眼中，使一时不能睁开看东西。

综上，当趋向结构的宾语为非处所性名词时，它前面的主要动词不可省略。此外，在表达因主观能力受限而无法实现"VC"时，我们更常使用可能补语"V不C"，如"他病得睁不开眼"。在实际教学中，我们要注意语境的设置，只有让学生体会到"V不C"的使用语境，他们才能避免出现类似的偏误。

48. "我们学了四个小时了，我累下来了"为什么不能说？

"下来"可在形容词后表达状态的变化，这种变化可以是由动态转为静态的，也可以是由正向转为负向的。在这一意义上，"起来"与"下来"形成了对立。"起来"可以表达由静态到动态、由负向到正向的变化[①]。比如：

（1）太阳出来了，天色渐渐亮起来。

（2）火红的夕阳，已经落到了柳林后面，天色渐渐暗下来。

在对这一意义进行教学时，我们强调"下来"前的形容词多表达静态义或负向义，如"安静、暗、慢、凉"等；"起来"前的形容词则相反，多表达动态义或正向义，如"热闹、亮、快、热"等。但是，这样的讲解并不能完全防止偏误的出现。

吴中伟（2019）分享了一段关于"起来"和"下来"的教学经历：首先给学生展示若干例子，如"亮起来、暗下来；胖起来、瘦下来；热闹起来、安静

---

① 详见本书第24问。

下来",然后解释其中的"起来"和"下来"的意思,学生似乎都明白了。但是,接下来就有一个学生主动造了一个句子:"*我们学了四个小时了,我累下来了"。吴文用这个偏误句说明趋向补语的引申义类推性不强,我们不应该采用"举一反三"的方法进行教学,但他并没有说明该句的偏误原因。

"累"这一词符合我们强调的"下来"前形容词的特征——静态的、负向的,那为什么不能说"累下来"呢?

根据刘月华在《趋向补语通释》一书中所做的分类,"下来"前的形容词有如下几种:

A. 表现声音的,如"静、安静、沉寂、低、低沉"等;

B. 表现光线的,如"暗、黑"等;

C. 表现速度的,如"慢、缓慢、低"等;

D. 表现温度的,如"冷、凉、低"等;

E. 表现情绪、政治形势的,如"冷静、平静、镇定、松、涣散、低、低落、松弛、淡"等;

F. 表现态度、语气的,如"软、缓和、淡漠、冷淡、平和"等。

上述六种形容词虽然表现的是不同方面的性质,但它们之间仍然具有一定的共性,具体如下:

共性一,这些形容词都是用来表达相对程度的。比如,表现速度的快与慢都是相对的,100迈的速度算快还是算慢是比较后的结果,不存在一个速度节点把快和慢截然分开。所以,当我们表达由动态向静态或由正向向负向的变化时,这种变化多为渐变,而非突变。

共性二,这些形容词表现的状态都是可见的或可感的。比如,速度慢下来是可以感知到的,声音低下来也是可以察觉到的。即便是比较隐晦的情绪(如"平静下来")、态度(如"缓和下来")变化,也是可以通过仔细观察感知到的。

"累"虽然具有静态、负向的语义特征,但不具备上述两个共性特点。具体来说,首先"累"不是一个相对的概念,而是一个绝对的概念,从"不累"到"累"会经历一个转折点。比如,"刚才还不累,现在忽然累了"。其次,"累"所表现的状态除了当事人,即亲身经历的人以外,别人是很难体会和感知到的。由于"累"在上述两点上与"下来"前的形容词不同,所以它是不能出现在同样的位置上的。

"累"并不是孤例,"负向身体感受类形容词"均是如此,这些词还包括"乏、困、饿、腻、够、烦"等。这些形容词虽然都具有静态、负向的语义特征,但都不能用于"下来"前。由于它们在语义上都暗含了"状态转折点",所以当用于表达状态改变时,它们更适合表达为"新状态的出现",这种意义最合适的表达形式是"Adj. + 了$_2$"。

为什么这类形容词不能用于"下来"前?我们认为,这还与"下来"的语法化程度较低有关。"下来"的本义表达由上而下的位移,这是一个具体可感的意义。由于语法化程度低,"下来"前的形容词仍然受限于具体可感类。因此,"我们学了四个小时了,我累下来了"这样的说法就是错误的,应改为"我们学了四个小时了,我累了"。

正如吴文所说的,趋向补语的状态义类推性确实较低。类推性低是由于其语用限制较多。当我们将其语用限制条件梳理清楚,"举一反三"式的教学也是可以运用到趋向补语状态义的教学中的。

第八部分　教学问题与教学设计

49. 趋向补语为什么难教难学？

趋向补语一直是汉语教学的难点和重点，也是汉语学习者难以完全习得的语法点。有人觉得这主要是因为趋向补语是汉语特有的句法成分，外国学习者对趋向补语的概念理解存在困难。这种说法没有问题，但这并不是趋向补语难学的唯一原因。结果补语、程度补语等同样是汉语特有的句法成分，但是学习者学起来就容易得多。趋向补语难教难学的最重要原因在于其形式的多样性和使用的复杂性。

一、趋向结构形式的多样性

现代汉语中的趋向结构形式数量非常多，外国学习者要想全部掌握，难度非常大。那么，现代汉语中为什么会存在这么多趋向结构形式呢？

我们知道，现代汉语中主要存在三类趋向补语：一为"来、去"类，表达相对位置；二为"上、下、进、出、过、回、起"类，表达绝对位置；三为"上、下"类＋来／去，同时表达绝对位置和相对位置。虽然各类趋向补语都处于谓语动词之后，但由于它们与宾语的位置关系复杂，所以又形成了各种不同的结构式。比如，"来、去"与宾语的位置关系就有三种，分别如下：

（1）拿来一张报纸。

（2）拿一张报纸来。

（3）把报纸拿来。

再如，复合趋向补语与事物宾语的位置关系有四种，与处所宾语的位置关系有一种，分别如下：

（4）拿过来一张报纸。
（5）拿过一张报纸来。
（6）拿一张报纸过来。
（7）把报纸拿过来。
（8）把报纸拿进房间来。

这些因素导致汉语趋向结构数量庞大，而结构形式的丰富性也就不可避免地带来了使用上的复杂性。

二、趋向结构使用的复杂性

上述相近结构形式的存在破坏了趋向结构的意义与形式之间的一一对应关系，这就要求说话人在表达某一意义的时候要在相近的结构形式中选择最适合当前表达情境的一种。选择合适的结构进行表达对汉语母语者来说是很容易的，但对没有汉语感的外国人来说，则非常困难。这就需要汉语教师把每一种趋向结构的使用条件清楚地交代给学生。

前贤学者对一些相关结构的使用条件进行过非常详尽的研究，比如前述的"来、去"与事物宾语的前宾、后宾两种位置关系，复合趋向补语与事物宾语的四种位置关系的使用条件。我们在本书的相关问题中都进行过介绍。

除了这些与宾语相关的趋向结构以外，现代汉语中还存在大量相近的趋向结构。这些结构可用于对同一位移事件的报道，因此同样造成了学习者语言输出时的选择困难。比如我们在表达"位移主体在内动力的作用下发生相对某空间的转移"这个意思时，现代汉语中就有"$V_{上}$+来/去、$V_{位移}$+$V_{上}$+来/去、$V_{上}$+N_L[①]、$V_{上}$+N_L+来/去、$V_{位移}$+$V_{上}$+N_L、$V_{位移}$+$V_{上}$+N_L+来/去"六种结构可以选择。我们以"某人自主位移进入房间"这个事件的表达为例，学习者可以选择如下六种表达形式：

---

① "N_L"指处所名词。

（9）a. 他进去了。

　　　b. 他走进去了。

　　　c. 他进了房间。

　　　d. 他进房间去了。

　　　e. 他走进房间。

　　　f. 他走进房间去了。

　　不同位移概念成分的隐现形成了这样六种不同的趋向结构。对于这些结构，我们在教学中的常见处理方法是告诉学生：需要表达位移终点信息的时候，可以选用c、d、e、f四种结构，否则就选用a、b两种结构；需要表达位移方式信息的时候，可以选用b、e、f三种结构，否则就选用其他三种结构；需要表达位移主体与说话人的位置关系的时候，可以选用a、b、d、f四种结构，否则就选用c、e两种结构。这样的解释看起来简单，但并不完全有效，因为我们难以说清何时需要表达哪种信息。以位移方式信息为例，在b、e、f三种结构中，"走"作为最常见、最无标记的位移方式，并不能给结构增添更多的信息，那么它存在的原因又是什么？

　　我们认为，不同的形式会带来意义或交际功能上的不同。这些趋向结构除了对概念信息进行了不同的取舍外，也必然存在各自的功能特点。想让汉语学习者在适当的时候能够正确选用恰当的形式进行表达，那我们就要把这些结构的不同功能特点清楚地交代给他们。

　　在第34~38问中，我们分别介绍了这六种结构使用上的不同特点。这正好体现了本书的追求之一：希望我们的分析能够帮助汉语学习者在语言输出时选取正确的表达形式。

50. 趋向补语的习得顺序如何？

　　趋向补语是汉语教学的一个重难点，同时也是外国留学生习得汉语的一大难点。对外国留学生来说，习得趋向补语时的难点主要表现在以下几方面：一是趋向结构形式繁多且不易掌握。比如，事物宾语与趋向补语的位置关系就有几种不同的情况，这些意义、形式都相近的趋向结构对学生来说记住已是不易，区分清楚就更难了。二是趋向补语语义复杂。趋向补语不仅有基本义，还有引申义，另外意义相近的不同趋向补语间也容易造成混淆的状况。上述两个方面都是造成趋向补语习得困难的客观原因。同时，造成趋向补语难学难记的还有一个主观原因，那就是面对数量繁多、意义复杂的趋向结构，我们在教材编写和课堂教学中唯恐遗漏其中某一项，所以会在很短（大概三周）的教学时间内极尽系统地将所有的趋向补语结构形式和意义类型集中教给学生。这样的做法违背了汉语学习者的学习规律和习得规律，导致他们难以彻底掌握趋向补语。即便是汉语水平已经达到高级的留学生，趋向补语仍然是其软肋。在这样的背景下，趋向补语的习得顺序研究就显得尤为重要了。一旦确定了科学的趋向补语习得顺序，我们就可以据此对趋向补语的教材编写和课堂教学顺序进行调整，进而促进学习者对趋向补语的掌握。

有关趋向补语的习得顺序，已有学者做了很多研究。我们在这里介绍几篇比较重要的文章。钱旭菁（1997）采用横向调查法，通过统计日本留学生作文和问卷调查中初、中、高三个阶段趋向补语的准确度顺序，确定了日本留学生的趋向补语习得顺序。由于趋向补语涉及的结构很多，钱文选取了其中的一部分进行考察。我们将她的结论，即所考察的10种趋向结构的习得顺序展示如下：

（1）动词不带宾语的简单趋向补语

（2）动词不带宾语的复合趋向补语

（3）"起来"表示开始（不带宾语）

（4）动词带一般宾语的趋向补语

（5）动词带处所宾语的趋向补语

（6）"出来"表示暴露

（7）"起来"表示评价

（8）"过来"表示恢复、"过去"表示失去

（9）"下来"表示开始

（10）"起来"表示集中、"起来"引申带宾语

钱文指出，日本留学生最难习得的是"动词+处所宾语+趋向补语"，主要原因是这个结构和日语里的对应表达差异较大。

杨德峰（2003b）对母语为英语的汉语学习者的趋向补语习得顺序进行了考察。该文基于北京语言大学汉语中介语语料库，研究了初级和中高级英语母语者的趋向补语习得情况。该文大致构拟出了英语母语学习者的趋向补语习得顺序，我们将其结论展示如下：

（1）动词+简单趋向补语（本义）

（2）动词+简单趋向补语（引申义）

（3）动词+复合趋向补语（本义）

（4）"动词+简单趋向补语（引申义）"带宾语

（5）动词+趋向动词$_1$+宾语+趋向动词$_2$（本义）

（6）动词+趋向动词$_1$+宾语+趋向动词$_2$（引申义）

（7）动词+复合趋向补语（引申义）

（8）动词+复合趋向补语（引申义）+宾语

（9）"动词+简单趋向补语（本义）"带宾语

（10）动词+复合趋向补语（本义）+宾语

齐春红（2014）考察了越南学习者的趋向补语习得顺序，该文得出的趋向补语习得顺序是：

（1）主语+动词+简单趋向动词（本义）

（2）主语+动词+简单趋向动词+宾语（引申义）

（3）主语+动词+宾语+简单趋向动词（本义）

（4）主语+动词+简单趋向动词+宾语（本义）

（5）主语+动词+复合趋向动词（本义）

（6）主语+动词+简单趋向动词（引申义）

（7）主语+动词+复合趋向动词（引申义）

（8）主语+动词+趋向动词$_1$+宾语+趋向动词$_2$（本义）

（9）主语+动词+趋向动词$_1$+宾语+趋向动词$_2$（引申义）

（10）主语+动词+宾语+简单趋向动词（引申义）

（11）主语+动词+宾语+复合趋向动词（本义）

（12）主语+动词+宾语+复合趋向动词（引申义）

（13）主语+动词+复合趋向动词+宾语（本义）

（14）主语+动词+复合趋向动词+宾语（引申义）

齐文认为，越南学习者习得趋向补语的顺序基本上遵循了句式上的由简单到复杂、语义上的由基本义到引申义的大致顺序，然而决定趋向补语习得顺序的因素有很多，包括各构成成分的"累积复杂性"、母语对该项目的迁移以及学习者对语言的认知情况。

对比上述三篇文章的结论，我们发现不同的研究者所总结的趋向补语习得顺序差异很大。比如齐春红（2014）与杨德峰（2003b）相对比，只有五个句式的习得顺序一致，即主语+动词+简单趋向动词（本义）>主语+动词+复合趋向动词（本义）>主语+动词+复合趋向动词（引申义）>主语+动词+宾语+复合趋向动词（引申义）>主语+动词+复合趋向动词+宾语（引申义）；钱旭菁（1997）与杨德峰（2003b）相对比，只有四个句式的习得顺序一致，即主语+动词+简单趋向动词（本义）>主语+动词+复合趋向动词（本义）>主语+动词+简单趋向动词+宾语（引申义）>主语+动词+宾语+简单趋向动词（本义）。三篇文章中只有两个句式的习得顺序一致，即主语+动词+简单趋向动词（本义）>主语+动词+复合趋向动词（本义）。这种状况的成因，主要是研究者们是根据不同的习得标准确定习得顺序的。如何判定学习者在某一学习阶段是否已习得某句式？准确率是不是唯一的标准？钱旭菁（1997）和杨德峰（2003b）在研究中使用的都是准确率的标准，而在稍后的研究中，研究者们都在此基础上增加了其他标准。比如，肖奚强、周文华（2009）使用了频率的标准，即将学习者对该句式的使用频率与母语者的进行对比；齐春红（2014）又在此基础上进行了完善，增加了两方面的考察标准，即使用频率和准确率在下一阶段是否出现下滑以及是否有过度泛化使用的情况。

齐春红（2014）之所以认为肖奚强、周文华（2009）得出的趋向补语习得顺序结论有偏差，是因为她认为该文所考察的语料没有分国别。齐文认为，母语的迁移在某种程度上影响着某些语法项目的习得。但这与杨德峰（2003b）所得出的结论又有出入，因为杨文认为，不同母语背景的习得者习得某一语法项目的顺序有很强的一致性。

虽然在上述研究中，有关趋向补语习得顺序的结论不尽相同，但这其中仍体现出某种共性，这说明趋向补语的习得确实遵循着一个大致相似的习得顺序，即齐春红（2014）所说的"句式上的由简单到复杂，语义上的由基本义到引申义"。

汉语语法教学界有关习得顺序的研究起步比较晚，而且在习得标准的确定上也存在较大的争议。相对于趋向补语的本体研究而言，习得顺序研究所取得的成果仍然极为有限。首先，习得标准就是一个最大障碍。习得标准是语言习得研究中一个极为重要且无法回避的问题，因为它关系到习得的研究结论，即习得是否成功、习得是否有序、习得的顺序是什么样的等等。目前大多数学者将准确率作为习得标准进行研究，但单纯地看准确率并不能客观地反映学生的习得状况。虽然晚近的一些成果中增加了习得标准的研究，但这些标准的科学性还有待检验。所以就目前而言，如何在减少母语因素对学习者干扰的前提下，根据合理的标准进行趋向补语的习得顺序研究是摆在我们面前的首要问题。

51. 趋向补语的教学：如何进行导入？

导入是语法教学的一个重要环节。在导入环节以旧知引出新知，可以减少学生对新语法点的陌生感，促进其理解。同时，好的导入还可以活跃课堂气氛，提高学生的注意力和学习兴趣。导入在语法教学中起着非常重要的作用。

一、语法教学的导入方法

对不同的语法点，导入的方法会有所不同；同一个语法点，教师也可以根据具体的情况（比如面对不同性格、不同语言知识背景的学生人群）采用不同的导入方法。我们把语法教学的导入方法归纳为如下几种：

1. 变换法

这种方法多用于由常规句式引出特殊句式，比如用SVO句引出意念被动句或

"把"字句、用"把"字句引出"被"字句等。

2. 加合法

这种方法多用于结果补语、时量补语等由两个部分糅合在一起的结构的教学，比如"洗衣服＋完了＝洗完衣服""看书＋一个小时＝看一个小时书"。

3. 添加法

这种方法可用于语气词的教学，比如"他是日本人→他是日本人吗／他是日本人吧""好→好啊／好吧／好的"。添加法也可用于"把"字句、"连"字句、"是……的"句等部分特殊句式的教学，比如"我作业做完了→我把作业做完了""这个问题老师也不会→这个问题连老师也不会"。

4. 替换法

这种方法适用于表达相同概念义的相近形式的教学，比如存现句的几种相近形式的教学："桌子上有一本书→桌子上放着一本书""房间里多了一个新衣柜→房间里搬来了一个新衣柜"。

5. 语境解释法

这种方法适用于侧重语义的语法点的教学，比如比较句；或者是反映中国人独特思维方式的结构的教学，比如主谓谓语句（蕴含了中国人由大范围到小范围的思维表达方式及汉语的话题突出的特点）。语境解释法可以通过图片实现（比如展示一张两人合照，其中一人高一人矮，以此展示比较句的使用语境），也可以通过语言解释实现。

二、趋向补语教学的导入方法示范

不同的语法点可以采用不同的导入方法，同一个语法点也可以采用不同的导入方法。在趋向补语的教学中，由于趋向结构形式多，不同趋向结构的特点也有所不同，所以用到的导入方法也是多种多样的。上文所提到的五种导入方法，我们在趋向补语的教学中都会用到。下面我们试举几例进行说明。

1. 处置义动词＋来／去

处置义动词＋来／去，如"拿来、寄去"等。这一趋向结构的教学适合使用添加法进行导入。我们借鉴了韩玉国（2017）的导入过程流程表模式，对这一结构的导入教学进行了具体展示,参见表51-1。

表51-1　"处置义动词+来/去"结构的教学导入流程表

步骤	教师语言	目标句	教师操作
1	彼得,我记得你有一辆自行车,可以借给我用一下吗?	生:我的自行车不在,玛丽借了。	板书:我的自行车玛丽借了。
2	我的自行车玛丽借了。那现在自行车在我这儿吗?	生:不在。	
3	那我们怎么说呢?(同时用手势表示离开之义)我们学过"来"和"去",现在我们应该说"玛丽借——"	师生同时:玛丽借去了。	添加板书:我的自行车玛丽借去了。
4	如果有人又跟玛丽借自行车,玛丽应该怎么说呢?"这是从彼得那儿借——"	师生同时:这是从彼得那儿借来的。	添加板书:这是从彼得那儿借来的。

2. 位移义动词+来/去

位移义动词+来/去,如"走来、跑去"等。这一趋向结构的教学适合使用加合法进行导入。我们同样采用上述流程表的形式进行展示,参见表51-2。

表51-2　"位移义动词+来/去"结构的教学导入流程表

步骤	教师语言	目标句	教师操作
1	(教师展示有人走近的视频)这位老人在做什么?走还是跑?	生:走。	板书:走。
2	是"来"还是"去"?	生:来。	
3	"走""来"可以在一起说——	师生同时:走来。	添加板书:走来。
4	刚才前边没有人,现在有人了,我们可以说——	师生同时:前边走来了一个人。	添加板书:前边走来了一个人。

3. 处置义动词+"上"类趋向动词+来/去+事物宾语

处置义动词+"上"类趋向动词+来/去+事物宾语,如"抬上来一张桌子、抬上一张桌子来、抬一张桌子上来"。这一趋向结构根据事物宾语位置的不同，可以有三种不同的形式。该结构的教学适合使用添加法和替换法进行导入。添加法是针对其中首个进行教学的结构，如"抬一张桌子 + 桌子上来 = 抬一张桌子上来"。替换法是针对其他两个宾语位置变化后的结构形式。具体参见表51-3。

表51-3 "处置义动词 + '上'类趋向动词 + 来/去 + 事物宾语"结构的教学导入流程表

步骤	教师语言	目标句	教师操作
1	"抬一张桌子上来"里边，"一张桌子"还可以放在其他的地方。比如，可以放在"上"后边，我们可以说——	生：抬上一张桌子来。	在原有板书上加箭头表示位置变换： 抬一张桌子上来。
2	"一张桌子"还可以放在"来"后边，我们可以说——	生：抬上来一张桌子。	用箭头表示位置变换： 抬上一张桌子来。

此外，对于无宾复合趋向补语，我们可以采用语境解释法进行导入，通过视频展示位移的方向及位置变化；对于趋向补语的结果引申义，我们可以采用加合法进行导入；对于趋向补语的状态引申义，我们可以采用替换法进行导入。总之，针对不同的语言点，我们应根据其特点灵活采用适当的导入方法，以使教学效果达到理想状态。

52. 趋向补语的教学：如何进行讲练？

导入新的语法点后，就需要对其进行讲解和操练。讲解是通过适当的解释或展示，使学生了解所学语法点的结构形式、语义和语用特点；操练则是在讲解之后，通过有目的的练习，使学生掌握语法点的结构、语义和语用特点。

在讲和练的关系上，我们应该贯彻精讲多练的原则，即以简洁有效的方式进行讲解，以充分多样的练习进行操练。在课堂教学中，讲和练往往是穿插进行，甚至是糅合在一起的,很难截然分开。所以有的学者提出,好的语法教学可以做到"寓讲于练"(冯胜利、施春宏,2011)。

由于趋向补语的结构形式比较多,我们只能选取其中几个,具体展示讲解与操练的过程。

1. 案例一:处置义动词+来/去

在通过添加法引出目标句后(见上一问),教师可以在黑板上写出相应的结构格式"V+来/去",并向学生说明其中的动词可以是"拿、取"等表示手部动作的动词,也可以是"带、送、寄、买、借"等可以使物体产生位移的动词。这是对结构形式的特点和规则进行讲解。

该结构所表达的语义比较简单,常常表示通过某种动作行为使物体趋近或远离说话人。其中的关键是"来、去"所表达的不同方向性,这在之前已经学过,教师只需通过手势与学生一起复习一下即可。

该结构在语用上常常表达某物的来源或去向,这是我们应该着重讲解的。语用特点的讲解可以通过例句操练进行,这就是"寓讲于练"。比如:

教师:×××,你的电脑是来中国以后买的吗?

学生1:不是,是在韩国买的。

教师:哦,你的电脑是从韩国带来的。

教师板书:……(东西)是从……(地方)带来的

教师:×××,你的手机是来中国以后买的吗?

学生2:不是,我的手机是从美国带来的。

经过两个规范例句的展示后,学生已经了解了"……是从……带来的"这一句式所表达的"来源"义。这时,教师就可以通过一问一答对全班学生进行操练了。

在对"……(东西)是从……(地方)带来的"这一句式进行充分操练后,教师可以将其中的动词进行替换。教师可以利用自己带来的东西和图片,比如拿起自己的水杯展示给学生,再展示一张淘宝网的图片,然后要求学生一起说出句子。过程如下:

教师:老师的杯子是——

学生全体：从网上买来的。

教师：对！×××，你来说。

学生3：老师的杯子是从网上买来的。

教师：×××，你的矿泉水呢？是从网上买来的吗？

学生4：不是，我的矿泉水是从超市买来的。

教师：好的，请你问×××。（要求学生随机选择对方的一样东西进行一问一答。）

本轮操练完成后，教师再拿起一本盖有图书馆印章的汉语词典，问学生：

教师：老师的词典是从书店买来的吗？

学生全体：不是，是从图书馆借来的。

教师随机选择一名学生，把词典放在该生的书桌上，对他说："你要用词典，这本词典可以借给你。"教师回到讲台，问学生：

教师：老师的词典呢？

学生全体：×××借去了。

教师板书"……（东西）……（人）V去了"并进行说明，此处的"去"可以用"走"代替。

教师随机从一名学生的书桌上拿走一支笔，然后问学生：

教师：他的笔呢？

学生全体：老师拿去了。

教师：也可以说——（指板书上的"走"）

学生全体：老师拿走了。

通过上述例句，学生明确了"V去"结构追究某物去向的语用特点后，教师可以通过听对话并进行角色扮演的方法进行操练，具体如下：

听对话：《大方的小王》。

妻子：咱家的电视呢？

小王：电视邻居小李借去了，说是看几天。他的老父亲来了，家里没有电视。

妻子：咱家的茶叶呢？

小王：茶叶邻居小刘拿去了。他家来客人了，没有茶叶了。

妻子：咱家的钱呢？是不是又有谁借走了？

小王：没有没有，不是借走了。

妻子：没人借，那怎么没了？

小王：我们单位的小赵前天跟我说想买手机没钱，我看家里还有2000块钱，昨天上班的时候就给他带去了。

妻子：你呀！我看我得赶快把女儿藏起来。

小王：为什么？

妻子：邻居小钱又生了一个儿子，还是没有女儿。明天跟你一说，你就会把女儿给人家送去。

在"案例一"中，我们可以看到对"处置义动词＋来／去"这一结构的讲练主要是通过两个句式进行的，即"……（东西）是从……（地方）带来的"和"……（东西）……（人）V去了"。应该说，与"处置义动词＋来／去"结构相比较，这两个句式更为具体和细微，因而理解和记忆的难度比抽象的"处置义动词＋来／去"结构要低得多。此外，"处置义动词＋来／去"结构最常出现在这两个句式中，对这两个句式进行讲练可以使学生对"处置义动词＋来／去"结构的语用特点理解得更为透彻。这种以常用具体句式代替抽象结构进行教学的方法在语法教学中较为实用、有效，具有可推广性。下面的"案例二"也可以通过这样的办法进行教学。

2. 案例二：处置义动词＋"上"类趋向动词＋来／去

该结构所表达的语义是致使某物移动，所以最有效的讲解方法是动作法，即教师通过使某物移动的动作，使学生理解结构的意义。比如，教师做从书包里拿出一本书再放进去的动作，启发学生说出目的结构。过程如下：

教师：老师做什么？

学生全体：老师拿书。

教师：拿——（用手势强调"拿出来"的动作）

学生全体：拿出来。

教师：现在老师做什么？

学生全体：老师放进去。

通过上述两个例句，学生明白了"拿出来、放进去"类结构本身的意义后，教师再引导学生将该类结构与"把"字句结合起来。具体如下：

教师：现在上课了，你的书呢？

学生1：在书包里。

教师：（对全体学生）上课了，他的书还在书包里，怎么办？

学生全体：拿出来。

教师：我们可以说"把书拿出来"。

教师板书：把……（东西）V……来／去

教师：上课了，我们把书拿出来；下课了，我们——（做把书放进书包里的动作）

学生全体：把书放进去。

通过这两个例句的展示，学生理解了句式"把……（东西）V……来／去"的语义，之后教师就可以采用适当的方式进行操练，比如"看图说句子、你说我做、我说你做"等。

在语法点的讲练过程中，教师在语言上有两点需要注意。一是教师语言要简单明了。它包括两层含义：不使用过难过长的句子，不说没学过的生词；不做过多讲解，把宝贵的时间留给学生进行充分练习。二是教师语言要具有较强的启发性，应使学生能够按照教师的思路一步一步地理解和说出目标句。教师语言要具有启发性，一要靠教师备课时的巧妙设计，二要靠教师对学生的了解及师生间的默契。

53. 趋向补语的教学：如何进行示例选择？

汉语语法教学离不开典范用句的示例，例句的选择应该注重典型性。所谓典型性，指所选取的例句要具有代表性，应最能体现所讲解的语法点的形式、语义和语用特点，在三个平面上都经得起推敲。传统的教学研究多在形式和语义方面强调例句的典型特点，而我们更强调典型例句选取的语用标准。因为相较而言，语用体现的是更为动态、细致的层面，更符合汉语作为第二语言教学的需要。如果说语义解决的是"何时用"的问题，那么语用解决的就是"何时必用、何时多用、何时少用"的问题；如果说形式解决的是"如何用"的问题，那么语用解决的则是"如何用得地道"的问题。

趋向补语结构形式多样，相近结构形式的大量存在破坏了趋向结构意义与形式之间的一一对应关系，造成了趋向结构使用上的复杂性。在趋向补语的教学中，趋向结构的语用限制条件应成为教师着重注意的一大因素。但据我们观察，趋向补语的教学由于受到结构主义的影响，一直对语用特点重视不够。体现在例句选择上，就是常常会忽视例句的语用限制，导致大量非典型例句的出现。这种状况无论在课堂教学还是教材编写中都体现得非常明显。因此，我们提出如下两条关于例句选择的语用原则：

一、典型功能示例原则

我们在教学中所选择的例句应注意体现趋向结构的典型功能。有教师在课堂上对简单趋向补语"来、去"进行讲练时，用到了如下例句：

图53-1　　　　图53-2

（1）A：大卫在做什么？

　　B：他要给妈妈寄去一封信。

教师使用了图片法（图53-1、图53-2）展示这一例句，这种直观的教学方法符合趋向补语表达位移这一语义特点，所以从这个角度说这个方法是值得肯定的。不过，这个例句并不典型，因为其中的趋向结构是可以被替换掉的，我们完全可以不使用简单趋向补语而直接回答："他要给妈妈寄一封信。"这种例句会让学生产生疑惑：有必要使用"来、去"吗？这导致的结果是，学生会在以后的语言输出中尽量回避使用这类趋向结构。

那么，"V+来/去"这类结构什么时候使用呢？我们曾对这类结构进行过考察，发现该类结构在实际语料中的句法位置比较固定，功能特点也很鲜明。比如：

（2）他手上那只花了八块冤枉钱买来的电子手表，才一年多的工夫就傻呆呆地不肯往前走字了……

（3）连罗保春的安葬之处，都是由女儿卖光个人物品买来的……

（4）那打火机我们已经托北京市局的人给你女朋友送去了……

（5）这些钱，是咱们辛辛苦苦攒下来的，是给他用的。他怎么能拿去给其他女孩子呢？

例（2）和例（3）中的"V来"分别处于关系从句和"是……的"句中，这两个位置的功能相同，都是用来追溯事物来源的。例（4）和例（5）中的"V去"则分别出现在表示对象的介词短语后和表示目的的动词短语前，这两个位置的功能也是相同的，都是用来追究事物去向的。无论是追溯来源还是追究去向，"V来"和"V去"都体现了对某一事物的关注。

而我们上文说到的课堂教学用例"他要给妈妈寄去一封信"，既没有体现对"信"的关注，也不是为了追究"信"的去向，所以该句并没有体现出"V去"的典型语用情境，是一个非典型例句。我们可以根据"V去"的语用功能，把这一例句改为：

（1'）A：刚才桌子上的那封信呢？

B：我给妈妈寄去了。

目前出版的汉语教材和语法参考书中也存在同样的问题。我们对含"V+来/去"结构的例句进行了统计，发现绝大部分例句都忽视了该结构的功能特点，都是非典型例句。比如：

（6）A：女儿寄来了什么？

B：女儿寄来了一些书。（《速成汉语基础教程·综合课本3》[1]第70页）

（7）我给姐姐寄去了一套明信片。（《外国人实用汉语语法》[2]第307页）

---

[1] 杨惠元主编（2021）《速成汉语基础教程·综合课本3》（第3版），北京：北京语言大学出版社。

[2] 李德津、程美珍（2008）《外国人实用汉语语法》（修订本），北京：北京语言大学出版社。

二、典型语篇语体示例原则

我们在教学中所选择的例句应注意体现趋向结构的典型语篇语体特点。

我们还是先来看一个课堂教学用例，其中涉及的是由"上、下、进、出、过、回、起"充当简单趋向补语的结构。如下：

图53-3

（8）A：乘客们在做什么？

B：他们正在<u>走上飞机</u>。

这个例句同样不具有典型性，因为其中的"走上飞机"完全可以用"上飞机"或"登机"来替代。例句不典型，同样会造成学生对该结构的回避使用。教师在准备例句的时候，应该考虑到"走上飞机"这类结构有什么使用限制。

我们曾考察过此类结构出现的上下文语境，发现其语篇特点非常突出。我们先看下面的例句：

（9）我和方方<u>走进盥洗室</u>，打开皮包，<u>拿出两套警服换上</u>，<u>走出盥洗室</u>，沿安全楼梯爬上去。

（10）学生们跟着老姚慢慢地走，<u>走出操场</u>，<u>走出校门</u>，<u>走出巷口</u>。

上面两个例句都是在描写一连串的动作行为，如例（9）的"走进—打开—拿出—走出"、例（10）的"走出—走出—走出"。"走上飞机"这类结构常用于描述一连串的动作，因而多出现在语段中，很少单独使用。这也就决定了该类结构的语体特点为叙述语体，而非对话语体。

在上面的课堂教学用例中，"上飞机"是一个单独的动作行为，且是以一问

一答的对话形式表达的,所以该处并不适合用"走上飞机"这类结构进行表达。我们可以改为:

(11)他们拉着行李,穿过甬道,<u>走上飞机</u>,找到座位,放好行李,在自己的座位上坐下。

在目前出版的汉语教材中,该类结构的示例展示同样缺乏典型性。我们曾对部分汉语教材进行过统计,该类结构在所有例句中都是以单句的形式出现的。比如:

(12)小王<u>走进了那个楼</u>。(《速成汉语基础教程·综合课本3》第93页)

这就会使学生难以弄清"小王进了那个楼"和"小王走进了那个楼"两个句子的区别所在。后一句的"走"在语义上并不能给句子增加更多的信息,它的存在就是为了增加动作性,所以该结构更适用于对一连串动作的描写。比如,"小王停下车,打开车门,下了车,又打开后备厢,从里边拿出一个手提箱,走进了那个楼"。而"小王进了那个楼"可以作为对"小王呢?"的回答,常用于对话体。

此外,复合趋向补语与处所宾语共现结构的语体色彩也非常鲜明。这种结构基本不用于对话语体,只出现在叙述语体中。那么,我们在选取例句的时候也要特别注意其语体特点。在我们所考察的教材中,该结构更多地是用于对话语体的。比如:

(13)A:王老师呢?

B:王老师<u>走上楼去</u>了。(《速成汉语基础教程·综合课本3》第106页)

非典型语体的例句容易误导学生在对话中使用此类结构。比如以下对话:

(14)A:彼得呢?

B:*他跑下楼去了。(留学生会话)

在教学中,好的例句可以帮助学生理解并掌握新语法点的意义和用法,而不典型的例句则会起到相反的作用,增加学生语言输出时的偏误概率。所以,示例的选择需要精心设计,需要全面考虑语法点的形式、语义和语用特点。

54. 趋向补语的教学：如何进行课堂活动设计？

广义的课堂活动是指教师在课堂上为帮助学生掌握目的语而展开的一系列与学习相关的活动。课堂活动可以发生在语法教学的任何环节，如语法点的导入、讲解、操练、总结等环节，我们在此专门讨论发生在语法点操练环节的课堂活动。经过导入和讲解，学生对新语法点的形式和意义已经有所掌握。这时，教师可以通过营造真实的语言环境，让学生在真实情境下使用这一语法点，提高学生对新语法点的运用能力。

在组织方式上，课堂活动可以分为小组活动和全班活动两种，其中小组活动更为多见。比如在学习"形容词+的"结构时，教师可以让学生以小组为单位分角色完成"买水果"的任务；小组活动完成后，教师还可以要求每组学生在全班学生面前进行表演。当然，教师也可以组织全班活动。比如在学习了"你贵姓、你叫什么名字"等表达后，教师可以要求全班学生一起完成"互相认识"的任务，学生可以离开座位随意结伴，互相介绍和认识；任务完成后，教师可以点名指定一名学生介绍另一名学生。无论是小组活动还是全班活动，我们都应该注重活动的互动性。

课堂活动的组织应该遵循如下几个原则：第一，实用性原则。教师所布置的任务应该尽量接近生活中的实际场景，这样才可以使学生真正学会使用该语法点。第二，有效性原则。教师所布置的任务应该能够使学生尽可能多地使用新语法结构。第三，趣味性原则。教师所布置的任务应该有趣，应能激发学生的学习兴趣、提高学生的课堂参与度。其中，有效性和趣味性是相关的。有研究认为，课堂活动的趣味性会增强其有效性，有效的课堂活动也一定会让人感到有趣。

我们遵循上述三个原则，针对趋向补语的趋向义教学设计了几个课堂活动。由于趋向结构所表达的动作义比较强，所以我们设计的课堂活动也多与动作有关。

1. 活动一：我说你做（针对简单趋向补语的活动）

要求：教师先说出一个带有简单趋向补语的指令，其他人做出相应的动作，如"打开书、把那支笔拿来、举起你的杯子"等,第一个正确完成动作的学生说下一个新指令。

这个活动也可以改成"我做你说",即一人做动作,其他人用带有简单趋向补语的句子描述他的动作,第一个说对的学生接着做下一个动作。

2. 活动二:锦囊妙计(针对复合趋向补语的活动)

准备:教师事先准备一些写有复合趋向补语指令的纸条(如"请你站起来、请你走过来、请你拿出来一本书、请你把书放回去"等),把它们放在一个盒子或袋子里。

要求:教师指定一名学生从中抽取一个指令,并根据这个指令做出动作,其他学生猜是什么动作,并用含复合趋向补语的句子说出来,第一个说对的学生继续抽取下一个指令。

3. 活动三:它是怎么进来的?(针对复合趋向补语的活动,适合低龄学习者)

准备:教师事先准备一张动物音乐会的图片,图上聚集着各种各样的小动物(如鸟、兔子、大象、蛇、鱼等)。

要求:将学生分为两组,教师示范一个正确的句子,如"小兔子是跳进来的"后,学生抢答"这些小动物是怎么进来的?",说出正确句子多的那组获胜。

4. 活动四:魔术表演(针对带宾语的趋向结构的活动)

准备:教师准备一段变魔术的视频,如"帽子变鸽子、纸变钱"等。

要求:学生4~5人一组,观看完魔术视频后,每人一句话,说一说变魔术的过程。(如"魔术师戴着一顶帽子出来了。他摘下帽子,拿起一个杯子把水倒进帽子,然后放下杯子,把手放进帽子,从帽子里抓出一只鸽子。他松开手,鸽子飞走了。")

5. 活动五:老虎吃猪,猪吃红薯(针对趋向补语与"把"字句套用结构的活动)

准备:教师准备一张图片,图上画有一条河、一只船、一个人、一只老虎、一头猪和一筐红薯。教师说明故事背景,即农夫带着一只老虎、一头猪和一筐红薯坐船过河,船很小,每次只能运一样东西。如果单独把老虎和猪放在河的一边,老虎就会吃猪;如果单独把猪和红薯放在河的一边,猪就会吃红薯。请同学们想想怎样才能把三样东西安全地运到对岸。

要求：学生4~5人一组，根据故事背景的要求，想出正确的办法并表达出来。先想出办法的小组获胜，并在全班学生面前说明解决方案。

参考答案：农夫先把猪运过去，然后再把老虎运过去，回来的时候把猪带回来，然后把红薯运过去，最后把猪运过去。

需要注意的是，教师在课堂活动结束后应及时对学生说出的错句进行纠正，对学生说出的典型用句进行重复和强调，以达到强化记忆的效果。教师在反馈时要注意慎用批评，进行适度奖励，满足学生的心理需求，使学生获得成就感，增强学习自信心，激发其学习动机。

好的课堂活动能够活跃课堂氛围，满足学生的表达欲望，缓解学生的学习焦虑，从而提高其参与积极性，使整个语言教学活动更加顺畅。但应该注意的是，课堂活动并不是越多越好。课堂活动过多不仅会打乱正常的教学节奏，也会挤占有限的课堂教学时间。

课堂活动根据形式通常可以分为输入型和输出型，其中输出型根据教师的控制度又分为控制型和自由型。任务型课堂活动属于自由型。根据原鑫（2017）、丁安琪（2006）的研究，在关于课堂活动形式有效性的调查中，教师普遍认为自由型课堂活动最有效。这是由于教师的教学理念和教学行为大多受到任务教学法和交际教学法的影响，他们普遍认同综合语言运用能力为最终教学目标这一理念。但是，形成鲜明对比的是，受调查的学生普遍认为最有效的课堂活动是控制型的，自由型的是有效性最低的。教师在课堂活动设计中应该考虑到这种情况，可以在自由型课堂活动中加入一些控制性因素，同时控制任务型课堂活动的数量，以保持学生的学习积极性，同时提高学生的学习效率。

55. 趋向补语的教学：如何进行练习设计？

练习的设计直接影响到教学效果的好坏。好的练习可以对课堂讲解起到补充的作用，达到强化、提高的目的。有人说，语言不是"教"会的，而是"练"会的。练习是语言习得的主要途径，具有不可替代的作用。

184　趋向补语

　　趋向补语的练习设计既要符合练习编写的基本原则，如"目的明确，形式灵活；简洁直接，实用有效；编排有序，彼此配合；主次分明，种类适中"等；同时也要考虑语法点本身的特点，要具备较强的针对性，这样才可以更好地实现教学目的。下面我们将针对趋向补语的结构、语义、语用功能等方面的特点对其练习设计提出建议。

　　趋向补语的基本义是表达物体的物理位移，而位移是很容易直观展示出来的。对趋向补语来说，带有位移动态感的图画是最好的情景创设途径，因而"看图说话"是最佳的练习方式。我们对四种汉语教材和两种汉语语法教学参考书[1]中的趋向补语练习题型进行了统计，发现其中三种都或多或少地使用了"看图说话"这种练习方式。

　　由于趋向补语这个语法点本身包含的结构比较多，同样是看图说话，根据结构的复杂度，练习的题型也可以有所变化。下面我们以《汉语会话301句》和《汉语十日通》中的练习为例进行展示。

　　图55-1和图55-2选自《汉语会话301句》，是针对简单趋向补语"来、去"设计的练习，题目要求是"看图说话（用上趋向动词'来''去'）"；图55-3和图55-4选自《汉语十日通》，是针对复合趋向补语设计的练习，题目要求是"看图说话"。后者根据复合趋向补语的特点给出了提示动词"跑"和"骑"。

大卫：你_____吧。
玛丽：我_____吧。

图55-1[2]

---

[1] 四种汉语教材包括《速成汉语基础教程·综合课本》（第2版）（郭志良、杨惠元主编，北京大学出版社）、《汉语会话301句》（康玉华、来思平编著，北京语言文化大学出版社）、《汉语十日通》（杨惠元主编，商务印书馆）、《成功之路》（邱军主编，北京语言大学出版社），两种汉语语法教学参考书包括《实用现代汉语语法》（刘月华等，商务印书馆）、《对外汉语教学实用语法》（修订本）（卢福波，北京语言大学出版社）。

[2] 因版权问题，图55-1～图55-4在表义一致的前提下均做了相应的替换。

A: _____。
B: _____。
C: _____。

图55-2

上课了，马义_____。（跑）

图55-3

他们_____。（骑）

图55-4

在使用"看图说话"这种练习方式时，画面含义和练习要求应该表达得清楚明白、简单直接，同时答案应该具有唯一性。在上面的例子中，图55-2的答案就不具有唯一性，如A既可以把参照点定为自己所在的位置，也可以定为他人所在的位置，因此A既可以说"我下去吧"，也可以说"你上来吧"，B、C亦如此。图55-4的画面含义和练习要求表达得也不够清楚明白，学生很难说出教材编者想要的句子，从而影响了练习的效果。

趋向补语的某些结构形式体现出语序的灵活性和固定性。对某些趋向结构，特别是含宾语的趋向结构来说，语序是很重要的。针对语序设计的练习可以有"连词成句、判断正误、修改病句、改写句子"等方式，我们分别举例如下：

1. 连词成句

（1）山本　图书馆　刚　进　了　走

_____

（2）丁兰　邮局　取　从　回　包裹　的　她　了

_____

2. 判断正误

（3）我给你买了一本书来。　　　（　　）

（4）我给你带了很多麻烦来。　　（　　）

3. 修改病句

（5）房间里不时地传一阵阵的笑声出来。

_____

（6）同学们，上课了，快进去教室！

_____

针对例（6）这种处所宾语与"来、去"位置关系错误的例句，鉴于"进教室去"这种结构的语用限制（参见本书第37问），我们给学生准备的答案不应该是唯一的。除了可以将"快进去教室"改为"快进教室去"，我们还应提醒学生，该病句还可以修改为"快进教室"或"快进去"。

4. 改写句子

这种练习主要针对事物宾语与"来、去"共现结构的不同语序类型。比如《速成汉语基础教程·综合课本3》（第3版）第106页的练习，要求"把下列句中的宾语放在'来/去'之后"。

（7）小张买回一瓶茅台酒来。

（8）艾米给爸爸寄回一个包裹去。

趋向补语的某些结构形式体现出对受事物体的关注，比如表达致移的"处置义动词+来/去"和"处置义动词+复合趋向补语"。

针对这两种趋向结构，我们可以设计"一问一答"的练习方式，要求学生用"处置义动词+来/去"和"处置义动词+复合趋向补语"两种句式进行回答。比如：

(9)这些巧克力是哪儿来的？（带）

(10)你的自行车呢？（借）

(11)刚才那个病人呢？（送）

(12)你怎么又没钱了？你的钱呢？（存）

趋向补语的位移义可用于表达某物通过位移出现于某处或消失于某处，因而趋向补语与隐现句存在密切的关联。针对此类结构，我们可以采用"看视频说句子"的练习方式。比如：

(13)播放视频：空教室里，有人搬来一把椅子，椅子放下后人走出教室。

　　要求学生说出：教室里搬来了一把椅子。

(14)播放视频：空无一人的路上，一辆车出现并驶来。

　　要求学生说出：前边开过来一辆车。

"看视频说句子"这种练习方式除了适用于上述结构，还适用于"位移义动词+'上'类简单趋向补语"的结构。因为此类结构常用于表达连续动作[①]，这也是视频这一形式比较容易传达的内容。比如：

(15)播放视频：一个人走进厕所，打开皮包，拿出一顶黑帽子戴上，又拿出一把手枪握在手里，溜出厕所，消失在黑暗中。

　　要求学生描述此人的行为。

(16)播放视频：一个人走进厨房，拿起杯子喝了一口水，放下杯子打开冰箱拿出一个面包，一边吃一边走出厨房，穿过客厅走进卧室。

　　要求学生描述此人的行为。

相对于单个位移动作的表达，连续动作的表达提高了难度，同时视频播放也占用了较长的时间，因而这种练习更适合作为课后练习去完成。练习的布置可以通过微信群，即教师在微信群中发布视频，要求学生以书面形式上交作业，或将自己的答案以语音的形式发送给教师。

上述这些练习方式都是针对趋向补语的特点而设计的，练习方式与练习的内容非常贴合。此外，还有一些普适性的练习题型，既可用于其他语法点，也可用于趋向补语，如"替换、填空、造句、完成会话"等，此处不再一一列举。

[①] 详见本书第35问。

56. 趋向补语教学中为何要实施语块教学？

一、关于语块教学

所谓语块教学，是指将语言中由两个或两个以上的词组成的半凝固组合作为一个整体进行教学的方法。有人也将其称为"词汇—语法教学模式"（李晓琪，2004）。语块教学的对象包括惯用语，比如"别提了、真是的"；固定搭配，比如"踢足球、提高质量"；固定结构，比如"因为……所以……"；客套用语，比如"对不起、没关系"；等等。在汉语教学中，我们虽然已经注意到了语块教学，但重视的程度还不够。语块教学虽一直存在，但更多地是教师的一种自发行为。

根据以往的研究，语言交际并不是单纯地通过单词或固定短语的使用来实现的，90%的自然话语是由那些半固定的"板块"来实现的。（Lewis，1997）所以，这些半固定的"板块"应该成为我们教学中的一个重要内容。

语块教学具有心理现实意义。在与外国学习者的互动教学中，很多汉语教师都有这样的经历：学生在读生词的时候，常会将其中一个字错读为由该字组成的另一个生词中的另一个字。比如，学生先学习了"理由"一词，当他刚接触到"道理"一词时，常常会将其错读为"道由"。这种状况的频繁出现，从另一个侧面证明了语块记忆符合人的心理机制这一事实，也使语块教学成为可能。

我们都有这样的经历：在学习英语的过程中，我们会学习大量的固定或半固定结构，使用时我们往往会不经分析脱口而出，比如"How are you? I am fine, thank you!"。尽管也发生过这样的笑话：小明在海外遇险，好不容易盼来了救援人员。当救援人员问他"How are you?"时，小明条件反射般地脱口而出"I am fine, thank you!"。救援人员闻此掉头离开。这虽然是个笑话，但却反映了我们在学习外语时的真实习得过程。"语言习得的一个常见模式就是在某个阶段学习者大量使用未经分析的语块。"（钱旭菁，2008）我们每个人学习一段时间的英语后，都记住了大量的诸如"Happy New Year!""Happy

Birthday!""Merry Christmas!"的祝福语，我们并不会去琢磨为什么不说"Merry New Year!""Happy Christmas!"，而是把这种搭配视为理所当然，这种不求理据的态度帮助我们规避了因错误搭配而产生的偏误。

语块教学具有单纯的语法教学所不具有的优势。首先，语块教学可以帮助学习者最大限度地克服中介语形式，避免出现"打开嘴巴、张开眼睛"这样的类推性偏误；其次，语块教学能在保证语言正确使用的前提下，促使学习者选择更加地道的语言形式；第三，在实际语言交际中，从记忆中整体提取语块比一个一个地提取语块的构成成分速度要快，因此能大大提高学习者的口语表达流利度。（钱旭菁，2008）

二、趋向补语的语块教学

1. 趋向补语语块教学的必要性

趋向补语在使用中存在很多词汇化或类词汇化的情况，比如"看起来、看上去、看来、接下来、想起来、说起……来、想出来、（心里）过不去、顾不上、看不起、看不上、说不上、信不过、忙不开、说不了、透不过气、买不起"等。另外还有一些典型用法，比如"（天色）暗下来、（灯）亮起来、系上、关上、睁开、解开、张开、打开、停下、躺下、剩下、抽出、塞进、度过、骗过、包起来、连起来、反应过来、收回"等，这些"动词+趋向补语"的结构也组成了一些固定搭配，或者说半凝固组合，两个成分结合得比较紧密。对这些词汇化及半凝固组合结构来说，将其作为一个整体进行教学，也就是语块教学，是最方便的办法。

2. 趋向补语语块教学的实施

那么在趋向补语教学中，如何将词汇教学与语法教学有机地结合起来，即在什么情况下要进行语块教学，什么情况下要进行语法规则的教学呢？我们以趋向补语"下"为例进行具体的介绍。

"V下"有很多不同的意义，首先是其基本义，表达下向位移。此时，"下"前动词是表示躯体或物体位移，以及使物体位移的动词，比如"走、跑、跳；流、落、掉；搬、拉、推"等。对这种意义的"V下"的教学，我们可以介绍和讲解其语法规则，并辅以例句。因为这时动词和趋向补语之间是自由组合的，组合后的意义基本等于成分意义的相加，比较容易理解，也比较容易形成正确的类推。

"V下"的结果义有很多，与趋向义相比较，结果义比较难理解，习得难度也较大。对"V下"结果义的教学，我们可以采用语块教学与语法规则教学相结合的方法。比如对"V下"脱离义的教学，我们可以选择最常见的"摘下、脱下"作为语块教学的内容，然后采用词汇扩展法，带领学生说出其后常搭配的宾语，如"摘下帽子、摘下眼镜、脱下上衣、脱下衬衫"等。同时，我们要向学生交代，除了"摘、脱"以外，其他表示"使分离"的动词也可以出现在此处，然后引导学生说出表达"使分离"义的其他动词，如"取、砍、剪"等，最后以领读或点读的方式带领导学生熟悉"V下"结构。

"V下"的容纳义多用于可能式，在教学中，语法规则的交代就变得在所难免了，比如要交代清楚"下"本身的容纳义、动词的特点、可能补语的构成特点等。但同时，我们还应该注意到容纳义的可能式存在一些半凝固和凝固组合，这些组合的意义已经很难从其成分意义中推得。对这些半凝固和凝固组合的教学，我们就要采用语块教学的方法。半凝固组合如"放不下、坐不下、摆不下"，我们可以采用词汇教学的方法进行，如对其进行扩展、举例。凝固组合如"容不下"，与半凝固组合"放不下"不同，"容不下"不是指物理空间上的难以容纳，而是指心理空间上的难以容纳。对于这样的结构，除了扩展、举例等词汇教学方法外，我们还应该让学生明确其独特的使用情境，并将使用情境作为该结构的有机组成部分进行整体记忆。

总之，在语法教学中引入语块教学，符合语言交际的特点，也符合学习者的习得规律，因而能更好地提高学生的学习效率，帮助学生获得汉语语感。语块教学是值得我们提倡的一种教学方法。

57. 趋向补语应如何采用任务型教学法进行教学？

任务型教学法兴起于20世纪80年代，21世纪初开始逐渐应用于汉语作为第二语言教学。任务型语言教学认为语言是用来做事情，完成各种各样的任务的，强调在"做中学""用中学"。任务型教学法是以任务统领课堂，将教学分为任务前、任务中、任务后三个阶段。学生在执行任务的过程中学习和使用语言。在任务型教学法中，任务贯穿始终，因此任务的设计至为关键，是教学目标能否实现的基础。

在以往的教学研究和实践中，任务型教学法更多地应用于口语教学。有些本体研究比较成熟的语法点的教学也有这方面的涉及，特别是那些功能研究比较透彻的。比如"把"字句，现在学界对其典型功能比较统一的看法是："把"字句多用于表达使物体发生位移。我们见到的比较好用的任务设计有：你搬家了，搬家公司把你所有的家具都运到了新家，现在请你指挥工人摆放家具。再如"是……的"句，其典型功能是追问细节、刨根问底，那么我们可以据此设计这样的任务：在中国朋友的婚礼上，按照中国人的习俗，请你追问新郎他与新娘认识和交往的过程。

与"把"字句、"是……的"句这样的结构不同，趋向补语不属于本体研究较成熟的语法点。同时，由于其结构形式多，意义复杂，我们在课堂上对其讲解和操练基本上采用的还是传统的"3P"教学法[①]，即"教师教—学生练—学生用"（吴中伟、郭鹏，2009）。但这并不是说趋向补语教学不能采用任务型教学法，下面我们试以结构和功能特点比较鲜明的两个趋向结构为例，展示任务型教学法在趋向补语教学中的具体使用。

一、案例一：处置义动词 + 来

"处置义动词 + 来"通常用于追溯事物的来源，所以我们可以设计如下任务：朋友们为艾米准备了一场生日聚会，聚完会后艾米向其中一位朋友询问关于

[①] 所谓 3P 模式，即展示（Presentation）、练习（Practice）、表达（Production）的 PPP 模式。

聚会准备的各种信息。

1. 任务前

（1）明确学习目标，使学生了解本课要完成的任务为"如何在事后询问了解活动信息"，激发学生的学习动机。教师可以通过展示生日聚会的图片引起学生的学习兴趣。

（2）通过头脑风暴，让学生提前熟悉与生日聚会相关的物品生词，如"蛋糕、蜡烛、长寿面、鲜花、礼物、气球、葡萄酒、宴会、庆祝、唱歌、跳舞"等。

（3）教师为学生提供"……（东西）是……（人）V来的"结构，并给出例示（如"鲜花是谁拿来的？"），使学生明确该结构的形式与意义。

2. 任务中

（1）给学生分组，要求学生分角色完成任务。

参考目标句：

　　艾米：蛋糕是谁买来的？

　　朋友：蛋糕是……买来的。

　　艾米：鲜花是谁拿来的？

　　朋友：鲜花是……拿来的。

　　艾米：葡萄酒是谁带来的？

　　朋友：葡萄酒是……买了托朋友送来的。

　　……

（2）小组汇报，每组向全班学生展示任务的执行过程。（教师在此过程中应对学生说出的典型句及偏误句进行记录。）

3. 任务后

（1）语言分析：师生一起总结归纳与任务有关的生词和结构，教师对学生任务汇报中出现的偏误句进行纠正和分析。

（2）语言练习：教师引导学生对任务汇报中所用到的典型句进行朗读，帮助学生记忆新的生词和结构。

（3）延伸任务：今天你的朋友给你办了一场很热闹的生日聚会，晚上请

你给你的爸爸妈妈写一封信，告诉他们聚会的情况。（由"说"的任务延伸为"写"的任务）

二、案例二：位移义动词 + "上" 类趋向补语 + 宾语

这类结构通常用于描写一连串的动作行为，其典型功能在于追踪去向。我们可以设计如下任务：寻找失踪的孩子。

1. 任务前

（1）明确学习目标，激发学生的学习动机。教师可以先向学生展示一张可爱的孩子的照片，并向学生说明：有一天中午家里人睡着了，这个孩子自己跑出了家，一直到晚上都没被找到。他的父母急得不得了，去公安局报案。公安人员通过观看监控录像和寻访路人，追踪到了这个孩子的去向。现在请你说出这个孩子当天的活动轨迹。

教师将活动轨迹图（图上展示下列地方的标志并用箭头标明孩子移动的方向：小区大门→公园大门→一座小山→一家商店→路边长椅）贴在黑板上。

（2）教师为学生提供"位移义动词 + '上' 类趋向补语 + 宾语"结构，并给出例示（如播放一段录像并说出录像中黑衣神秘人的行动轨迹：黑衣人砸开窗户，跳进屋子，打开抽屉，拿出一把刀，然后跳出窗户，钻进一片小树林），使学生明确该结构的形式、意义和功能。

2. 任务中

（1）给学生分组，要求学生通过共同讨论完成任务。

参考目标语段：

　　这个孩子打开房门，走出了家。他坐电梯下了楼，走出了小区。他穿过一条马路，走进了对面的公园。他爬上了一座小山，跟别的孩子玩儿了一会儿，然后爬下山。他渴了，走进了一家商店，可是没有钱买水。服务员看他可爱，送了他一支雪糕。他走出商店，边走边吃。后来他累了，来到路边一条长椅上，躺下睡着了。

（2）小组汇报，每组派一名代表向全班展示本组讨论的结果。（教师在此过程中应对学生说出的典型句及偏误句进行记录。）

3. 任务后

（1）语言分析：师生一起总结归纳与任务有关的生词和结构，教师对学生任务汇报中出现的偏误句进行纠正和分析。

（2）语言练习：教师引导学生对任务汇报中所用到的典型句进行朗读，帮助学生记忆新的生词和结构。

（3）延伸任务：作为一名警察，请你将今天寻找孩子的过程记录下来并存档。

58. 趋向补语如何进行分阶段教学？

一、为什么要进行分阶段教学？

带趋向补语的述补结构比较复杂，包括的内容也比较多。我们在前文中曾提到，趋向补语的教学除了涉及各种结构形式，还涉及趋向补语的各种意义，如趋向义、结果义和状态义。对于数目如此繁多的教学对象，目前汉语教材的一般做法是将全部内容集中在几课内教授完毕。这种教法造成的后果是，学生很难在短时间内迅速掌握所有的趋向结构。"夹生饭"一旦形成，短期之内很难再克服。比如处所宾语的位置问题偏误就出现了"化石化"的现象，很多高级汉语学习者仍然会出现语序问题。鉴于这种情况，我们建议趋向补语的教学应该分阶段进行，其教学应贯穿初上、初下以及中级三个大的教学阶段。至于具体内容的分布，我们应该参考教学内容的难度和习得顺序两条标准后再确定。

二、阶段分配的标准

教学内容难度的确定，需要考虑两个因素：一是结构形式的繁简，二是认知上的难易。从形式上说，简单的形式比复杂的形式更容易学习。形式越简短，概念成分越少，就越容易学习。从认知上说，具体的概念（本义）比抽象的概念（引申义）容易学习，或者说，空间概念（趋向义）比动作结果概念（结果义）和时间概念（状态义）容易学习。关于习得顺序，我们在前文曾提到，现有的关于趋向补语习得顺序的研究结论不尽相同，但仍体现出某种共性，这说明趋向补语的习得确实遵循着一个大致相似的顺序，即齐春红（2014）所说的"句式上的由简单到复杂，语义上的由基本义到引申义"。尽管教学内容的难度和习得顺序这两条标准的考虑角度不同，但结论基本上是一致的，即：结构形式的从易到难，意义上的从基本义到引申义。

三、趋向补语的教学内容

我们把趋向补语的教学内容进行了梳理，教学中涉及的语言点如下：

（1）a. 位移义动词＋来/去。比如：走来、跑去。

　　　b. 处置义动词＋来/去。比如：拿来、寄去。

（2）位移义动词＋来/去＋指人宾语。比如：走来一个人、跑来一个孩子。

（3）a. 处置义动词＋来/去＋事物宾语。比如：拿来一本书、寄去一笔钱。

　　　b. 处置义动词＋事物宾语＋来/去。比如：拿一本书来、寄一笔钱去。

（4）"把"＋事物宾语＋处置义动词＋来/去。比如：把书拿来、把钱寄去。

（5）"上"类趋向动词＋处所宾语。比如：上山、进房间。

（6）a. 位移义动词＋"上"类趋向动词＋处所宾语。比如：爬上山、走进房间。

　　　b. 处置义动词＋"上"类趋向动词＋处所宾语。比如：抬上山、拿进房间。

　　　c. 处置义动词＋"上"类趋向动词＋事物宾语。比如：抬上一张桌子、拿进一个书包；

（7）"上"类趋向动词＋来/去。比如：上来、进去。

（8）"上"类趋向动词＋来/去＋指人宾语。比如：上来一个人、进去一个黑影。

（9）"上"类趋向动词＋处所宾语＋来/去。比如：上楼来、进房间去。

（10）a. 位移义动词＋"上"类趋向动词＋来/去。比如：爬上来、走进去。

　　　b. 处置义动词＋"上"类趋向动词＋来/去。比如：抬上来、拿进去。

（11）位移义动词＋"上"类趋向动词＋来/去＋指人宾语。比如：爬上来一个人、溜进去一个黑影。

（12）a. 处置义动词＋"上"类趋向动词＋来／去＋事物宾语。比如：抬上来一张桌子、拿进去一个书包。

b. 处置义动词＋"上"类趋向动词＋事物宾语＋来／去。比如：抬上一张桌子来、拿进一个书包去。

c. 处置义动词＋事物宾语＋"上"类趋向动词＋来／去。比如：抬一张桌子上来、拿一个书包进去。

（13）"把"＋事物宾语＋处置义动词＋"上"类趋向动词＋来／去。比如：把桌子抬上来、把书包拿进去。

（14）a. 位移义动词＋"上"类趋向动词＋处所宾语＋来／去。比如：爬上山来、走进房间去。

b. 处置义动词＋"上"类趋向动词＋处所宾语＋来／去。比如：抬上山来、拿进房间去。

（15）趋向补语的结果引申义。比如：住上了新房、想开了、琢磨出来。

（16）趋向补语的状态引申义。比如：唱上了、唱开了、唱起来了、唱下去。

（17）趋向补语的主观评价引申义。比如：看上去、闻起来、想来、在他听来。

（18）趋向补语的话题标记功能。比如：说起他来。

（19）与趋向补语相关的熟语及特殊结构。比如：接下来、豁上、放下架子、看不起、过得去、V来V去。

根据不同的教学侧重点，我们可以将上述19个语言点归为三类：侧重结构形式的教学内容（1~8、10~13）、侧重语义的教学内容（15、16、17、19），以及同时侧重结构形式与篇章功能的教学内容（9、14、18）。这三类教学内容基本上对应初级上、初级下以及中级三个大的教学阶段。在初级上阶段，学生会接触到趋向补语的不同结构形式。在这些结构形式中，趋向补语多表达趋向义。"趋向"作为人类语言中普遍存在的一个概念，学生理解起来并不困难，所以这一阶段的教学更侧重对结构形式的讲解。在初级下阶段，学生很少再接触新的趋向结构，新的语言点集中在趋向补语的引申义及与趋向补语相关的熟语和特殊结构上。这些语言点都以意义讲授为主。在中级阶段，语言教学已经在句子的基础上加入了语篇衔接的内容，因此趋向补语教学中涉及篇章的内容可以放在中级阶段进行教授。

四、教学内容的阶段分配

1. 初级上阶段的教学内容

这一阶段涉及的结构形式非常多，所以教学顺序的安排非常重要。我们建议的教学内容和教学顺序如下：（5）→（6）→（1）→（3）→（7）→（10）→（12）。其中与传统的教学安排不同的，一是语言点（5），即将"上"类趋向动词作为谓语动词出现的结构（如"上山、进房间"）增加为教学点；二是语言点（1）（3），即将"来/去"作为简单趋向补语的结构调整到"上"类趋向补语后。这样安排主要是考虑到逐渐增加趋向结构的结构成分和概念成分，可以使教学循序渐进。此外，我们所做的调整还包括将某些结构的教学顺序往后调，如语言点（9）（14）。这两个语言点使用频率极低[①]，并且还涉及篇章教学，因此我们将之调整到中级阶段进行教授。有些语言点与其他重要语法点的教学存在交叉，为了减轻趋向补语的教学压力，我们建议将这些语言点调整到相关语法点的教学中，比如语言点（2）（7）（10）可以调整到存现句教学中，语言点（4）（13）可以调整到"把"字句教学中。

经过这样的调整，在初级上阶段，趋向补语的教学顺序可以例示为：进房间→走进房间→进来→走进来；进房间→拿进房间→拿来（一本书）→拿进来→拿进来一本书。在这样的教学中，结构形式是由简而繁的，学生会更易于接受。

此外，语言点（15），即趋向补语的结果义，可以调整到结果补语这一语法点教学中。由于结果补语的教学通常是在初级上阶段进行的，所以趋向补语的结果义教学也是在这一阶段完成的。

---

① 详见本书第 37、38 问。

2. 初级下及中级阶段的教学内容

在初级下阶段，主要的教学内容是语言点（16）（17）和（19）。其中，趋向补语的状态义和主观评价义虽然跟结果义一样都属于引申义，但显然这两者的认知难度比较大，所以不应放在初级上阶段教授。由于这两种引申义的个性比较强，且不宜进行类推，所以我们必须针对具体结构进行逐一教学。语言点（19）也具有同样的特点，再加上熟语一般都是分散出现的，我们可以随文讲解，不必集中处理。

在中级阶段，主要的教学内容是语言点（9）（14）和（18）。这三个语言点的共同之处在于语篇特征比较明显。比如，"进房间去"通常表达反预期的位移，"走进房间去"多表达非常规的位移。"反预期"和"非常规"只有在语篇中才能得到表达。同时，这两个结构的使用频率比较低，如果学习过早，学生过多使用，就可能造成使用不当。（郭晓麟，2013、2014）此外，语言点（18）的"起来"体现的是话题标记功能，"话题"本身就是一个篇章概念；另外，"起来"作为话题标记时，常常引发与前文或对方观点不同的评论[①]，这同样也涉及语篇问题。所以，这个语言点一定要在中级甚至高级阶段进行教授。

通过上面的分析，我们可以看到：对于数量繁多的趋向补语语言点的教学，我们的主要处理方式是分阶段，同时将一些语言点分散到相关的语法点教学中去。这样处理既降低了语言点的习得难度，减少了需要集中教学的语言点的数量，又可以有效地减轻师生教与学的压力。

59. 趋向补语的慕课（MOOC）教学应如何进行？

"慕课"译于"MOOC"（Massive Open Online Course），即大规模开放式网络在线课程。在世界范围内"汉语热"不断升温及国家大力推进国际中文教育事业发展的今天，传统的课堂教学已经无法满足全球汉语学习者的需求。慕课面向的学习者人数更多、层面更广且不受时间、地点的限制。学习者可以根据自

[①] 详见本书第 15 问。

己的学习需求及当前的水平在线挑选合适的课程，然后按照计划好的进程安排学习即可。（胡铁生，2011）运用慕课这一新型的教学模式和教学理念推广中文学习、传播中华文化，是我们国际中文教育事业面临的新机遇与新挑战。

微视频是慕课的重要组成部分，其内容短小精悍，时长一般为5~10分钟，且有明确的教学目标和主题，可以清楚地说明某个问题、某一知识点或某个主题。一个微视频就是一个完整的教学环节，而不是随意截取的课堂教学片段。可以说，微视频的设计与制作是慕课教学的核心。

根据张莉（2018）的总结，初级汉语语法教学可以分为以下三个步骤：

（1）语法导入

（2）语法讲解

（3）语法操练

我们用于慕课教学的微视频也可以基于以上三个步骤进行设计。微视频中的语法导入应该快速有效地引入主题，帮助学习者从旧识过渡到新知，并激发其学习热情。

微视频中的语法讲解是对语法点的意义、用法等进行解释、说明，并通过列举例句展示该语法点的意义和用法。

微视频中的语法操练除了有复习巩固的作用外，还有两个主要的目的：一是为学习者展示更为丰富的交际场景，使学习者能够灵活地将所学知识点运用于生活实际；二是帮助学习者自我检验学习目标是否达成，学习者可以通过微练习检查、反思自己在学习中存在的问题，并及时采取相应的措施（如回看视频、在慕课讨论区中与师生互动）加以解决。由于微视频教学是单向输出的，教师无法与学生进行实时互动，所以我们通常会采用答案唯一的客观性练习，如填空、选择、判断正误等，而完成句子、角色扮演、看图说话、调查采访、小组讨论等练习则不适用于慕课教学。

趋向补语的教学应该分阶段进行。从意义上说，我们应该先教最基本的趋向义，然后教引申出来的结果义，最后教状态义。从形式上说，我们应该先教简单趋向补语，再教复合趋向补语。这里就以最基本的表达趋向义的简单趋向补语为例，展示趋向补语的慕课教学微视频应该如何设计。具体过程参见表59-1。

表59-1　表趋向义的简单趋向补语的慕课微视频设计流程表

教学步骤	微视频内容	说明
语法导入	（1）教师开门见山地说："大家好，今天我们来学习简单趋向补语。" （2）播放情景视频：大卫和几个好友去爬山，他先爬到山顶。看到山上的美丽风景后，他激动地对下面的朋友大喊："山上的风景美极了，你们快点儿_____啊！" 教师问："这句话用汉语应该怎么说呢？"	快速引入主题，明确学习内容 调动学习者的学习热情，激发学习者的学习动机
语法讲解	教师借助简笔画、图片或动画分别讲解"上来、上去、下来、下去、进来、进去、出来、出去、回来、回去、过来、过去"等含简单趋向补语的述补结构，并进行总结	先演绎，后归纳
语法操练	看图片或视频进行填空或者选择，学生回答正确才能进入下一题，题目数量为5～10个。比如： 我在楼下等你，你快点儿_____！ A. 上来　　B. 上去　　C. 下来　　D. 下去	学习者自查

学习者看完了视频，完成了嵌入式练习，还不能算是完成了整个学习过程，还需要在慕课平台上完成相应的作业和考试，并在课程讨论区中与教师和其他学习者进行互动交流。

北京语言大学优秀的一线教师团队设计制作的"汉语基础语法教学示范课""初级汉语语法"和"初级汉语语法进阶"等慕课中就有关于简单趋向补语和复合趋向补语的教学展示。这些慕课主要面向学习汉语的外国留学生，但亦可作为国际中文教师语法教学的参考。"国际汉语教师培训系列之基础语法篇（名师讲解）"慕课，是专门面向国际中文教师的语法教学培训课程，感兴趣的老师和学习者可以到"中国大学MOOC"平台上观看。

60. 趋向补语的翻转课堂教学应如何进行？

"翻转课堂"译自"Flipped Classroom"或"Inverted Classroom"，是指学习者预先观看教师录制的教学视频，理解课程内容，在实体课堂上则在教师的引导下应用所学知识解决问题、参与讨论或活动的一种教学模式。（徐晶凝，2016）

对语言学习者来说，这种授课模式有两个好处：一是可以为水平落后者提供充分的学习理解时间，学习者可以反复观看教师录制的教学视频，并与教师和其他学习者进行在线交流；二是可以帮助教师在课堂上实现"精讲多练"，教师可以充分利用课堂时间为学习者提供运用语言进行交际的机会。

语言课程的翻转课堂教学主要分为课前、课中两个阶段。课前重点进行语言知识的输入，课中重点培养学生的语言输出能力。

教师在课前至少要完成两项工作：

（1）制作微视频。当然，如果有现成的慕课资源的话也可以利用。

（2）编写练习题。一般以选择、判断正误、填空等客观性练习为主，这些练习题主要用于学生自我检测。

教师在课中的教学可以分为三个环节：

（1）答疑解惑。教师就学生观看微视频和完成自测题的过程中所产生的问题进行现场答疑。

（2）复习巩固。教师围绕语言点进一步设计课堂活动，帮助学生复习和巩固。

（3）拓展延伸。将课本知识与实际生活联系起来，设置典型场景，模拟真实的交际活动。

下面我们就以"处置义动词＋来/去"（如"带来、拿去"）类趋向结构为例来展示翻转课堂教学应如何进行。微视频的设计制作及练习题的编写，我们在第59和55问中已进行了详细介绍，这里重点介绍课中教学阶段"复习巩固"与"拓展延伸"两个环节的活动设计。

"复习巩固"环节的课堂活动可以是机械性或半机械性的练习，练习形式应该活泼一些，如可以是快速问答、抢答、游戏、看图说话、信息差型任务等形式；练习活动可以不止一项，可以从机械性操练到半机械性小组活动层层推进，其目的是为后面的"拓展延伸"环节夯实基础、做好铺垫。比如我们可以采用"图文连线"的练习形式来创设情境，帮助学生进一步熟悉"处置义动词＋来/去"类趋向结构。具体如下：

A：大卫呢？
B：被校长叫去谈话了。

小红帽，外婆生病了，这些吃的东西快给外婆送去。

你好，我是刚搬来的邻居。

A：这个箱子是哪儿来的？
B：是快递员刚刚送来的。

"拓展延伸"环节的课堂活动应该是模拟真实生活的交际性练习，教师需要了解该语法结构的核心功能，精心设计出该语法结构出现的典型场景，以便学生能在短时间内大量运用目标结构自然地完成交际任务。比如，"把"字

句的核心功能是"移动物体",典型场景是"搬家"。(冯胜利、施春宏,2011)

根据郭晓麟(2010)的研究,"处置义动词+来/去"不同于"趋向义动词+来/去"(如"上来、进去"),其核心语义是"追究来源和去向",而不是表明"与说话人的方向关系",因此我们不必在教学中强调其方向性。我们为该结构设计了如下课堂活动:

圣诞节到了,教师和学生在教室里举办圣诞晚会。每人设想自己为晚会带来了一件物品,并将写有物品名称的纸条放在一个袋子里。教师询问某件物品的所属人,带来该物品的学生用"是从……V来的"句式进行回答。示例如下:

教师询问	学生目标句
1. 这棵圣诞树是哪儿来的?	这是我从邻居家借来的,用完后要还给他们。
2. 这些小吃是谁拿来的?	这是我妈妈从泰国寄来的,给大家尝尝。
3. 这个蛋糕是谁买的?	这是我从家里带来的,是我自己做的。
4. 这套圣诞老人的衣服是哪儿来的?	这是我从网上租来的。

我们可以将翻转课堂的教学环节归纳为表60-1。

表60-1 翻转课堂的教学环节一览表

教学阶段	教学性质	教学环节	说明
课前	知识的输入	制作微视频	用于学生自学
		编写练习题	用于学生自测
课中	语言的输出	答疑解惑	解决学生疑惑
		复习巩固	机械性练习/半机械性练习
		拓展延伸	交际活动

翻转课堂教学可以与慕课教学相互补充,形成线上线下混合的教学模式。这种新型的教学模式有效地弥补了慕课教学的不足,使虚拟的网络学习与面对面的师生交流融合起来,拉近了语言学习与语言运用之间的距离。

参考文献

蔡瑱（2013）以汉语方言为本的"V起来""V起去"比较——兼论"起去"在现代汉语中的消隐，《对外汉语研究》第2期。

曹广顺（1995）《近代汉语助词》，北京：语文出版社。

曹君霞（2018）支架式教学法在初级口语课堂练习教学中的运用研究，渤海大学硕士学位论文。

常娜（2016）"V上"结构的语义体系及认知机制，《汉语学习》第5期。

陈昌来（1994）论动后趋向动词的性质——兼谈趋向动词研究的方法，《烟台师范学院学报（哲学社会科学版）》第4期。

陈晨（2005）泰国学生汉语趋向补语习得偏误分析，云南师范大学硕士学位论文。

陈贤（2007）现代汉语动词"来、去"的语义研究，复旦大学博士学位论文。

陈信春（1982）同复合趋向补语并见的宾语的位置，《中国语文通讯》第5期。

崔永华（2008）什么是好的语言课堂活动——汉语课堂教学策略探讨，《海外华文教育》第2期。

戴耀晶（1997）《现代汉语时体系统研究》，杭州：浙江教育出版社。

邓小宁、叶亮（2018）"支架式"对外汉语课堂活动设计与效益分析，《海外华文教育》第5期。

丁安琪（2006）专职对外汉语教师对课堂活动看法的调查——对外汉语课堂活动系列调查之一，《语言教学与研究》第6期。

丁青（2017）趋向结构"V起O来"的内部形式和意义表达，《阜阳职业技术学院学报》第1期。

董萌（2016）汉语空间方位词"上、下"的隐喻认知探索，《唐山师范学院学报》第4期。

范立珂（2012）"V走"和"V去"的替换条件及其认知依据，《外语研究》第2期。

房玉清（1992）"起来"的分布和语义特征，《世界汉语教学》第1期。

冯华君（2016）《博雅汉语》复合趋向补语教学研究，云南大学硕士学位论文。

冯胜利、施春宏（2011）论汉语教学中的"三一语法"，《语言科学》第5期。

葛新（2004）方位词"上""下"的意义及其演变，上海师范大学硕士学位论文。

耿京茹（2005）汉语趋向补语与法语相关表述的比较，《汉语学习》第3期。

郭春贵（2003）复合趋向补语与非处所宾语的位置问题补议，《世界汉语教学》第3期。

郭晓麟（2010）对外汉语教材语法教学示例的基本原则——以趋向结构为例，《语言教学与研究》第5期。

郭晓麟（2013）简单共现趋向结构与远距离认知位移事件，《汉语学习》第4期。

郭晓麟（2014）复合共现趋向结构功能初探，《安徽大学学报（哲学社会科学版）》第4期。

郭晓麟（2016）《现代汉语趋向结构系统的功能研究——基于事件语义学的考察》，北京：中国书籍出版社。

郭晓麟（2018）意外：起始义"V上"的语用意义，《汉语学习》第4期。

韩玉国（2017）句法操作在初级汉语语法教学导入环节中的应用，《国际汉语教学研究》第3期。

郝兴宇（2017）"上""下"类现代汉语趋向补语的对外汉语教学研究，苏州大学硕士学位论文。

贺阳（2004）动趋式"V起来"的语义分化及其句法表现，《语言研究》第3期。

洪琳（2004）论复合趋向补语的教学研究，《云南师范大学学报（对外汉语教学与研究版）》第5期。

洪心衡（1957）《能愿动词、趋向动词、判断词》，上海：新知识出版社。

胡铁生（2011）"微课"：区域教育信息资源发展的新趋势，《电化教育研究》第10期。

华若云（2013）"动趋式＋处所宾语"结构的句法分析，《西安文理学院学报（社会科学版）》第3期。

黄玉花（2007）韩国留学生汉语趋向补语习得特点及偏误分析，《汉语学习》第4期。

火玥人（2008）对外汉语简单趋向补语教学策略，《华北电力大学学报（社会科学版）》第3期。

贾秀英、孟晓琦（2008）汉语趋向补语与法语相应结构的对比，《山西大学学报（哲学社会科学版）》第5期。

贾钰（1998）"来/去"作趋向补语时动词宾语的位置，《世界汉语教学》第1期。

姜腊梅（2018）对外汉语教学中名词重叠课堂练习策略研究，《山东广播电视大学学报》第3期。

蒋翅辉（2010）汉语时间的空间概念隐喻——"上、下"之认知分析，《长沙民政职业技术学院学报》第4期。

蒋绍愚（2011）V上和V下，《杭州师范大学学报（哲学社会科学版）》第4期。

居红（1992）汉语趋向动词及动趋短语的语义和语法特点，《世界汉语教学》第4期。

康慧贤（2012）印尼学生汉语趋向补语偏误分析，上海师范大学硕士学位论文。

康玉华、来思平（1990）《汉语会话301句》，北京：北京语言学院出版社。

柯理思（2003）汉语空间位移事件的语言表达——兼论述趋式的几个问题，《现代中国语研究》第5期。

孔令达（1985）动态助词"过"和动词的类，《安徽师大学报（哲学社会科学版）》第3期。

孔令达（1986）关于动态助词"过$_1$"和"过$_2$"，《安徽师大学报（哲学社会科学版）》第4期。

孔令达（1995）从语言单位的同一性看汉语助词"过"的分合，《安徽师大学报（哲学社会科学版）》第3期。

雷莉（2014）孔子学院发展的新思路——慕课（MOOCs）教学模式的应用，《西南民族大学学报（人文社会科学版）》第12期。

李福印（2008）《认知语言学概论》，北京：北京大学出版社。

李冠华（1985）由"上、下、进、出"充当的趋向补语对处所宾语的语义制约，《汉语学习》第6期。

李恒敏、谭慧（2013）复合趋向补语引申用法教学顺序探究，《长江大学学报》（社科版）第2期。

李锦姬（1996）两种可能式的语用分析，《南京师大学报（社会科学版）》第3期。

李敏（2005）论"V起来"结构中"起来"的分化，《烟台师范学院学报（哲学社会科学版）》第3期。

李天泓（2016）"上"与"下"语义的不对称性及其认知阐释，《现代语文（语言研究版）》第7期。

李晓琪（2004）关于建立词汇—语法教学模式的思考，《语言教学与研究》第1期。

李艳杰（2004）母语为英语的留学生汉语趋向补语习得偏误分析，中央民族大学硕士学位论文。

刘汉武（2013）初级汉语水平越南学生的趋向补语偏误分析，《云南师范大学学报（对外汉语教学与研究版）》第4期。

刘慧芳（2013）"能/不能＋V（C）"与"V＋可能补语"的语义用法差异及相关教学研究，中央民族大学硕士学位论文。

刘美辰（2017）面向韩国学生的趋向补语教学设计，哈尔滨师范大学硕士学位论文。

刘美兰、叶奕晨、魏致远（2018）"交际法"在对外汉语口语教学中的运用，《通化师范学院学报》第10期。

刘书书（2012）留学生汉语复合趋向补语"下来""下去""起来"表状态引申义习得偏误分析，暨南大学硕士学位论文。

刘月华（1980）可能补语用法的研究，《中国语文》第4期。
刘月华主编（1998）《趋向补语通释》，北京：北京语言文化大学出版社。
刘月华、潘文娱、故韡（2001）《实用现代汉语语法》（增订本），北京：商务印书馆。
鲁健骥（1994）外国人学汉语的语法偏误分析，《语言教学与研究》第1期。
陆俭明（1985）关于"去＋vp"和"vp＋去"句式，《语言教学与研究》第4期。
陆俭明（2002）动词后趋向补语和宾语的位置问题，《世界汉语教学》第1期。
吕叔湘主编（1980）《现代汉语八百词》，北京：商务印书馆。
吕叔湘主编（1999）《现代汉语八百词》（增订本），北京：商务印书馆。
吕文华（1995）关于对外汉语教学中的补语系统，《语言教学与研究》第4期。
麻伶秀（2012）"V起O来"研究，复旦大学硕士学位论文。
马玉汴（2005）趋向动词的认知分析，《汉语学习》第6期。
朴垠玉（2009）对"V上"之再考察——基于韩国学习者偏误类型的分类，《延边大学学报（社会科学版）》第4期。
齐春红（2014）越南语母语者汉语趋向补语习得顺序研究，《云南师范大学学报（对外汉语教学与研究版）》第4期。
齐沪扬（1996）空间位移中主观参照"来/去"的语用含义，《世界汉语教学》第4期。
齐沪扬（1998a）现代汉语的空间系统，《世界汉语教学》第1期。
齐沪扬（1998b）《现代汉语空间问题研究》，上海：学林出版社。
齐沪扬、曾传禄（2009）"V起来"的语义分化及相关问题，《汉语学习》第2期。
钱旭菁（1997）日本留学生汉语趋向补语的习得顺序，《世界汉语教学》第1期。
钱旭菁（2008）汉语语块研究初探，《北京大学学报（哲学社会科学版）》第5期。
邱广君（1997）谈"V下＋宾语"中宾语的类、动词的类和"下"的意义，《语文研究》第4期。
邱质朴、Isabel Tasker、Morag Deans（1980）汉语与英语中表示趋向的动词短语比较，《语言教学与研究》第1期。
任龙波、李福印（2018）汉语框架卫星语素探析，《外语教学》第4期。
杉村博文（1983）试论趋向补语"下""下来""下去"的引申用法，《语言教学与研究》第4期。
杉村博文（1998）论现代汉语表"难事实现"的被动句，《世界汉语教学》第4期。
杉村博文（2006）汉语的被动概念，载邢福义主编《汉语被动表述问题研究新拓展》，武汉：华中师范大学出版社。
沈家煊（1999）《不对称和标记论》，南昌：江西教育出版社。
沈家煊（2003）现代汉语"动补结构"的类型学考察，《世界汉语教学》第3期。
沈家煊（2005）也谈能性述补结构"V得C"和"V不C"的不对称，载沈家煊、吴福祥、马贝加主编《语法化与语法研究（二）》，北京：商务印书馆。

史锡尧（1993）动词后"上""下"的语义和语用，《汉语学习》第4期。

宋文辉（2012）现代汉语表示起始义的趋向补语"起来"和"起……来"的关系，《世界汉语教学》第4期。

宋玉柱（1997）"过$_1$"和"过$_2$"，《学汉语》第3期。

孙屹（2009）汉语与英语中趋向的动词语义比较，《语文学刊》第3期。

孙雨桐（2016）MOOC课程设计方案研究——以"上来"类复合趋向补语为例，《教育现代化》第27期。

王灿龙（2004）"起去"的语法化未完成及其认知动因，《世界汉语教学》第3期。

王成杰（2016）翻转课堂在对外汉语教学中的设计与应用研究——以《汉语综合》为例，杭州师范大学硕士学位论文。

王凤兰（2004）谈两种简单趋向补语的异同，《云南师范大学学报（对外汉语教学与研究版）》第5期。

王国栓（2005）《趋向问题研究》，北京：华夏出版社。

王珏（2019）语气词句式及其系统初探，《汉语学报》第4期。

王丽彩（2005）"来""去"充当的趋向补语和宾语的次序问题，《广西社会科学》第4期。

王璐菲（2015）"v上"结构的语义分析及对外汉语教学，《教育教学论坛》第3期。

王晓凌（2011）补语"起来"的隐喻认知过程分析，《安徽大学学报（哲学社会科学版）》第3期。

王旭玲（2016）论对外汉语课堂活动的有效性，苏州大学硕士学位论文。

吴福祥（2002）汉语能性述补结构"V得/不C"的语法化，《中国语文》第1期。

吴云（2004）"过"引申用法的认知分析，《汕头大学学报》第3期。

吴中伟（2019）语法教学的几点反思——关于教学目标、方法、策略，《国际汉语教学研究》第2期。

吴中伟、郭鹏（2009）《对外汉语任务型教学》，北京：北京大学出版社。

夏芳芳（2010）"V起"的语义类型及其语法化探微，《语文学刊》第7期。

肖敏（2013）"V上"与"V下"的对称与不对称研究，南京师范大学硕士学位论文。

肖奚强、周文华（2009）外国学生汉语趋向补语句习得研究，《汉语学习》第1期。

谢晓晖（2010）时态助词"过"的来源及发展，《昭通师范高等专科学校学报》第2期。

信晓倩、卢卫中（2015）"V上"的语义类型及其认知分析，《外语教学》第1期。

徐晶凝（2016）基于"中级汉语语法"慕课的思考，《中国大学教学》第4期。

徐静茜（1985）趋向动词研究综述，《中国语文导报》第10期。

徐枢（1985）《宾语和补语》，哈尔滨：黑龙江人民出版社。

徐蔚、崔艳蕾（2016）初级对外汉语教材复合趋向补语引申用法考察，《国际汉语学报》第1期。

杨德峰（2003a）朝鲜语母语学习者趋向补语习得情况分析——基于汉语中介语语料库的研究，《暨南大学华文学院学报》第4期。

杨德峰（2003b）英语母语学习者趋向补语的习得顺序——基于汉语中介语语料库的研究，《世界汉语教学》第2期。

杨德峰（2004）日语母语学习者趋向补语习得情况分析——基于汉语中介语语料库的研究，《暨南大学华文学院学报》第3期。

杨凯荣（2006）论趋向补语和宾语的位置，《汉语学报》第2期。

杨丽华（2011）日本学生趋向补语"起来"的习得研究及教学建议，复旦大学硕士学位论文。

杨万兵（2006）能性述补结构"V得/不起（O）"的历时演变，《语言教学与研究》第5期。

姚淑（2017）"V起O来"的语义、功能及教学策略研究，吉林大学硕士学位论文。

于善志、王文斌、罗思明等（2010）英汉趋向义及其层级结构对比研究，《外国语文》第2期。

袁鹏凯（2018）英语为母语留学生习得汉语趋向补语的偏误分析及教学对策，辽宁师范大学硕士学位论文。

原鑫（2017）后方法视角下学生及教师对汉语课堂活动感知的对比研究，《华文教学与研究》第1期。

岳凌（2009）动词后"上""下"的语义结构与"V上""V下"结构语义对立与趋同现象研究，北京语言大学硕士学位论文。

曾传禄（2009）汉语位移事件与句法表达，《集美大学学报（哲学社会科学版）》第3期。

曾传禄（2010）汉语位移事件的语言表达，载上海师范大学《对外汉语研究》编委会编《对外汉语研究（第六期）》，北京：商务印书馆。

曾明星、周清平、蔡国民等（2015）基于MOOC的翻转课堂教学模式研究，《中国电化教育》第4期。

翟英华（2008）俄罗斯留学生习得汉语趋向补语的教学研究，《齐齐哈尔大学学报》（哲学社会科学版）第6期。

张伯江（1991a）动趋式里宾语位置的制约因素，《汉语学习》第6期。

张伯江（1991b）关于动趋式带宾语的几种语序，《中国语文》第3期。

张伯江、方梅（1996）《汉语功能语法研究》，南昌：江西教育出版社。

张隽（2016）对外汉语慕课教学设计研究，广东外语外贸大学硕士学位论文。

张莉（2018）初级汉语语法教学的策略与设计，载彭志平、邢红兵、王瑞烽主编《汉语进修教育名师演讲录》，北京：外语教学与研究出版社。

张书奎、鲁英（2012）浅析二语教学中的课堂活动，《西南民族大学学报（人文社会科学版）》第S1期。

张旺熹（1999）《汉语特殊句法的语义研究》，北京：北京语言文化大学出版社。

张雪平（2009）非现实句和现实句的句法差异，《语言教学与研究》第6期。

张亚锋（2007）汉语是卫星框架化语言吗？《孝感学院学报》第S1期。

张言军（2015）"VO来／去"与"V来／去O"的语序选择及其制约因素，《信阳师范学院学报（哲学社会科学版）》第4期。

张燕俊（2011）"V起O来"格式考察，上海师范大学硕士学位论文。

张谊生（2000）《现代汉语虚词》，上海：华东师范大学出版社。

张永昱（2010）汉语复合动趋式VC1OC2格式构成分析，《江西师范大学学报（哲学社会科学版）》第6期。

赵金铭（2002）外国人语法偏误句子的等级序列，《语言教学与研究》第2期。

周美玲（2006）"上""下"语法功能的认知研究，南昌大学硕士学位论文。

周统权（2003）"上"与"下"不对称的认知研究，《语言科学》第1期。

朱德熙（1982）《语法讲义》，北京：商务印书馆。

朱京津（2018）认知视野下趋向补语"过来"习得统计分析，《汉语学习》第4期。

朱京津（2019）"V起来"误代偏误的认知语义分析及教学应用，《语言文字应用》第2期。

朱巨器（2000）中日趋向动词的比较研究，《上海科技翻译》第3期。

Lewis, M. (1997) *Implementing the Lexical Approach: Putting Theory into Practice*. London: Language Teaching Publications.

Talmy, L. (2000) *Toward A Cognitive Semantics, Volume I: Concept Structuring Systems*. Massachusetts: The MIT Press.

后　记

从2018年6月开始，在齐沪扬教授的督促和指导下，这本小书逐渐成形。本书从框架到内容几经调整和修改，今天看起来已与当日面貌相去甚远。

自20多年前跨入对外汉语教学这个职业领域，趋向补语就成为我心头解不开的疙瘩。每每教学至此，太多的疑惑都让我心虚绕行。虽然其间花费了很多时间去考察研究，也曾写过几篇小文，但也仅仅是对几个小问题的表面现象有了一丝领悟。在接手本书的写作任务后，我遍寻教学研究领域所提及的及自己在职业生涯中所遇到的相关问题，将这些问题汇聚起来，集中解决。在写作过程中，我常常感慨语言之美，因为任何一个貌似无迹可寻的问题背后，都隐藏着严整的语言规律。虽然由于精力、能力和学识的限制，自己对这些规律的挖掘并不深入，但我相信这本书至少可以为像我一样对趋向补语教学感到疑惑的汉语教师提供一些帮助。

在本书的写作过程中，北京语言大学2016级研究生李丹丹、张梦蝶，2017级研究生顾建身、李杨、张慧玲，2018级研究生房绍丞、杜琰、段莹露协助完成了部分语料的搜集分析工作和基础写作工作；北京语言大学优秀教学奖一等奖获得者、青年教师于萍博士完成了慕课教学和翻转课堂教学两个问题的写作工作。在此，我一并表示衷心的感谢！

郭晓麟

2022年6月15日